Le Miracle
QUE FERAIT L'AMOUR ?

Catalogage avant publication de Bibliothèque et Archives nationales du Québec et Bibliothèque et Archives Canada

Michaud, Christine, 1970-

    Le miracle : que ferait l'amour ?

    Comprend des références bibliographiques.

    ISBN 978-2-89225-873-8

    1. Miracles. 2. Amour. I. Titre.

BL487.M52 2015   202'.117   C2014-942785-9

Adresse municipale :
Les éditions Un monde différent
3905, rue Isabelle, bureau 101
Brossard (Québec) Canada, J4Y 2R2
Tél. : 450 656-2660 ou 1 800 443-2582
Téléc. : 450 659-9328
Site Internet : www.unmondedifferent.com

Adresse postale :
Les éditions Un monde différent
C.P. 51546
Greenfield Park (Québec)
J4V 3N8

Courriel : info@umd.ca

© Tous droits réservés, Christine Michaud, 2015

© Les éditions Un monde différent ltée, 2015
pour l'édition française

Dépôts légaux : 1er trimestre 2015
Bibliothèque et Archives nationales du Québec
Bibliothèque et Archives Canada
Bibliothèque nationale de France

Conception graphique de la couverture et infographie : OLIVIER LASSER
Photo de la 4e de couverture : CARL LABRIE

Typographie : Stempel Garamond

ISBN 978-2-89225-873-8

Nous reconnaissons l'aide financière du gouvernement du Canada par l'entremise du Fonds du livre du Canada (FLC) pour nos activités d'édition.

Gouvernement du Québec – Programme de crédit d'impôt pour l'édition de livres – Gestion SODEC.

Gouvernement du Québec – Programme d'aide à l'édition de la SODEC.

IMPRIMÉ AU CANADA

CHRISTINE MICHAUD

Le Miracle
QUE FERAIT L'AMOUR ?

UN MONDE DIFFÉRENT

CHEZ LE MÊME ÉDITEUR
DE LA MÊME AUTEURE

C'est beau la vie :
Vivre heureux dans le courant de la grâce !
Brossard, Québec, 2010, 224 pages.
(Pour le Québec)

C'est beau la vie :
Vivre heureux dans la grâce au quotidien,
Brossard, Québec, 2010, 224 pages.
(Pour l'Europe)

Carnet c'est beau la vie,
Brossard, Québec, 2011, 128 pages.

Encore plus belle, la vie !
Brossard, Québec, 2011, 224 pages.

Sexy, zen et happy,
Brossard, Québec, 2013, 224 pages.

Le Miracle : Que ferait l'amour ?
Brossard, Québec, 160 pages

À Marie-Noëlle,
et à tous ceux et celles qui,
comme elle et moi,
ont parfois besoin d'un miracle...

SOMMAIRE

En guise de préambule 11
PROLOGUE – *Nous avions rendez-vous* 13

Le message ultime de Mamie Yvette 21
Guérir sa vie 25
S'ouvrir et explorer 29

LES SEPT PRÉMISSES MIRACULEUSES 35
    1. Je suis authentique 39
    2. Je suis tendre 55
    3. Je suis humble 65
    4. Je suis simple 77
    5. Je suis tranquille 87
    6. Je suis libre 101
    7. Je suis responsable 111

Intermède musical 121
Le plus beau miracle pour moi 125
En conclusion, je suis le miracle 133

ÉPILOGUE – *Un moine et son miracle* 139
ADDENDA – *Que ferait l'amour après la lecture
    de ce livre ?* 143
Remerciements 147
Bibliographie 151
Pour plus d'informations sur Christine 155
Christine en conférence au sein de votre entreprise
    ou association.. 157

MIRACLE :

Fait extraordinaire où l'on croit reconnaître une intervention divine bienveillante, auquel on confère une signification spirituelle.

Le Petit Robert

« Que ferait l'amour ? »
demandait la religieuse du collège
où j'étudiais
lorsque nous nous querellions
ou lorsqu'on se plaignait
de quoi que ce soit.

Merci, ma sœur, de m'avoir enseigné
cette question si importante.
Aujourd'hui, je sais que l'amour peut
non seulement rétablir l'harmonie
et nous permettre de guérir nos blessures,
mais il peut aussi créer une vie qui fasse sens,
une vie divine et merveilleuse.

L'amour libère, l'amour connecte
et l'amour manifeste.

Puissions-nous en devenir
pleinement conscients !

EN GUISE DE PRÉAMBULE

Bien qu'il s'intitule *Le Miracle*, ce livre n'a aucun lien avec une religion. Il est simplement le compte rendu de quelques-unes de mes expériences et de mes observations sur la vie.

J'ai souvent dit que je me perçois comme un laboratoire humain. J'aime apprendre et œuvrer à m'éveiller aux multiples facettes de l'univers, tout en élevant mon niveau de conscience.

Mais je ne possède guère la Vérité. Je ne suis qu'un être humain en cheminement.

Puisse *Le Miracle* stimuler quelques réflexions de votre part. S'il vous donne envie d'ouvrir votre cœur à ce que la vie a de plus sublime à vous offrir, mon cœur en sera comblé.

C'est avec beaucoup d'humilité, d'authenticité et d'amour que je vous l'offre.

Je vous vois...

CHRISTINE

Prologue

Nous avions rendez-vous...

*« Un fil invisible relie ceux qui sont destinés à se rencontrer,
peu importe le temps, l'endroit ou les circonstances.
Ce fil peut s'étirer ou s'emmêler. Mais il ne se brisera jamais. »*
Sagesse chinoise

Si vous me demandez ce qui me permet de ressentir le bonheur à l'état pur depuis quelques années, je vous répondrai qu'il s'agit presque toujours d'une connexion humaine. Nous pouvons vivre ce lien avec un membre de notre famille ou un ami proche, mais également avec un pur inconnu. C'est l'instant d'éternité où nous avons l'impression que le temps s'arrête et que nous nous connectons à l'autre d'âme à âme. On dirait qu'il y a une reconnaissance ou une union... dans l'amour inconditionnel. Nous sommes alors portés à croire que nous avions un divin rendez-vous. Et ces rendez-vous ouvrent souvent la porte au miraculeux.

Le Miracle

Pour reprendre la célèbre phrase de Montaigne, d'abord rien ne sert de chercher à comprendre pourquoi ce rendez-vous devait avoir lieu. Peut-être est-ce simplement « parce que c'était lui (ou elle), parce que c'était moi ».

Chercher à comprendre pourquoi nous oblige déjà à ne plus être dans le moment présent. En revanche, au moment où cela se produit, attardons-nous à amplifier notre degré de présence puisque c'est à cet instant qu'un portail s'ouvre et qu'une invitation nous est lancée. Aucune rencontre n'arrive par hasard. Toutes peuvent nous transformer et nous faire évoluer si nous choisissons de les percevoir ainsi.

En ce qui a trait à cette croyance que j'entretiens, j'ai développé ma théorie des cadeaux. En effet, je crois qu'il existe toujours un échange équitable lors des divins rendez-vous de la vie. À preuve l'histoire qui suit.

J'étais assise à une table d'un restaurant de Québec à siroter un verre de champagne en attendant une amie qui devait me rejoindre pour le repas du soir. Sachant qu'elle aurait sans doute un peu de retard, j'avais pris soin de m'apporter un brin de lecture afin que l'attente soit plus douce et inspirante.

Prologue

J'étais donc assise à ma table et heureuse, car j'allais bientôt retrouver cette amie que j'aime tant. Le moment me semblait parfait, d'autant plus que je prenais l'avion le lendemain matin pour une semaine de *dolce far niente* en République dominicaine. Quel bonheur de jouir pleinement de ce moment tranquille et serein où le temps s'étire devant l'expectative d'une semaine de repos !

Toutefois, je n'arrivais pas à détacher mon attention des gens assis à la table à côté de la mienne. Ils semblaient former une famille, mais ne se parlaient pas beaucoup. Les enfants, de jeunes adultes, prenaient des photos et étaient bien occupés avec leur téléphone intelligent. Aussi bizarre que cela puisse paraître, je ressentais une lourdeur ou une tristesse à cette table qui me dérangeait au point de m'empêcher de me concentrer sur ma lecture. J'étais particulièrement intriguée par la femme. Elle me fascinait. À quelques reprises, nos regards se sont croisés, et j'ai senti une connexion, si brève soit-elle, mais sans plus.

Au moment où mes voisins de table s'apprêtaient à quitter les lieux, mon amie est arrivée et je me suis empressée de lui offrir le livre que je lui avais apporté en cadeau. Il s'agissait de *La Villa des Miracles* d'Alain Williamson.

À cet instant, la mystérieuse femme d'à côté s'est approchée de moi et m'a adressé la parole en ces termes :

« Je suis désolée de vous déranger. Ce n'est pas dans mes habitudes de faire cela, mais je tenais à vous dire que je vous trouve belle. Et j'espère que vous profitez de la vie parce que moi, je suis en train de perdre la mienne.

— Vous regardez *Qu'est-ce qu'on attend pour être heureux ?* lui ai-je demandé, croyant qu'elle m'avait reconnue en raison de l'émission que j'anime à la télévision.

— Ah non, pas du tout. Je suis désolée, mais je ne vous ai jamais vue et je ne connais pas votre émission. En fait, pour tout vous dire, il y a un mot dans le titre du livre offert à votre amie qui a retenu mon attention. Il est pour moi une confirmation d'en haut. »

Je trouvais cette femme touchante et c'est pourquoi je n'ai pu résister à la tentation de lui demander :

« Vous avez besoin d'un miracle ? »

Après avoir souffert de fibromyalgie pendant des années, combattu cette maladie et s'être guérie, cette magnifique et élégante dame connaissait de

Prologue

nouveaux problèmes de santé. Elle disait ne pas trop comprendre le message que tentait de lui envoyer la vie par cette épreuve, mais elle était prête à s'ouvrir. Comme elle croyait aux miracles, elle en avait demandé un, pas plus tard que ce matin-là.

À cet instant précis, j'ai eu la chair de poule. Je savais que nous étions en train de vivre un moment particulier. Mon amie, qui nous avait signifié son désir d'aller aux toilettes pour nous laisser parler en toute intimité, était incapable de se lever de sa chaise, ressentant elle aussi à quel point ce que nous vivions était important, puissant, divin même.

Ce qui m'apparaissait évident, c'était que la vie (ou Dieu... je ne sais trop à qui elle avait demandé un miracle) était en train de lui dire que son vœu avait été exaucé, le miracle était accordé. Ce qu'elle ferait à partir de là serait toutefois déterminant.

Cela me rappelait un apprentissage lié à la loi de l'attraction. Nous émettions une demande (notre tâche), la vie répondait, puis il nous fallait en « permettre » la manifestation (notre autre tâche).

Or, que signifiait « permettre » dans ce contexte ?

N'était-ce pas d'accepter de porter un regard nouveau sur la situation, d'élever notre niveau de conscience pour devenir l'observatrice neutre qui se donne plus de perspective ? Chemin faisant, nous étions en mesure de voir ce qui était à guérir, à transformer, mais surtout à aimer. Là se situait le véritable miracle !

Nous nous sommes laissées en échangeant un doux câlin, puis après avoir repris place devant mon amie, j'ai éprouvé une vive émotion en songeant à ce qui venait de se produire. Cet événement était porteur de sens pour nous toutes. Nous venions de vivre un moment d'éternité qui nous rappelait l'importance de la connexion humaine. Comme pour rajouter à cette synchronicité, j'ai pris conscience que nous étions attablées au restaurant *Chez L'Autre*. Une phrase lue dans un livre d'Oprah Winfrey, *Ce dont je suis certaine*, me revient soudainement en mémoire :

« Parce qu'il y a une chose
dont je suis certaine,
il n'y a pas d'eux, il n'y a que des nous. »

J'ai toujours cru que les confidences d'une personne ou ce que nous vivions avec elle, à cause d'elle ou grâce à elle, cela concernait toutes les parties en

Prologue

présence. De différentes façons, certes, mais toutes étaient assurément touchées.

Dans les jours qui ont suivi, je n'ai fait que réfléchir aux miracles et à notre participation à leur processus de manifestation. Tout doucement, des idées ont émergé, des souvenirs aussi.

LE MESSAGE ULTIME DE
Mamie Yvette

J'adorais ma grand-mère maternelle. C'est elle qui m'a tout enseigné à propos de la spiritualité et, plus encore, elle a semé en moi le désir de me nourrir de l'intérieur, de me connecter à plus grand que moi et de faire une différence positive en ce monde, si minime soit-elle. Comme elle se plaisait à le dire : « Il faut voir le beau, apprécier le bon et faire le bien. »

La nuit du 31 décembre 2012, en rentrant à la maison après avoir quitté sa chambre pour laisser ma place à d'autres membres de la famille, et sachant qu'elle s'apprêtait à nous quitter, je suis devenue très émotive, mais également portée par un sentiment de grande présence. Au moment où je me garais dans l'entrée de ma maison, j'ai entendu à la radio

Le Miracle

les premières paroles de la chanson *Le Miracle* interprétée par Céline Dion. J'ai pleuré de gratitude en l'écoutant attentivement. J'avais l'impression de recevoir le message ultime de Mamie Yvette :

> *« Au-dessus de nous,*
> *Dedans et tout autour,*
> *Le miracle est partout mon amour,*
> *Sauras-tu le voir ? »*

<small>(Chanson écrite par Marie Bastide et composée par Gioacchino Maurici, produite par Jacques Veneruso et Patrick Hampartzoumian)</small>

« Oh oui, Mamie, je saurai le voir ! » C'est la promesse que je lui ai faite cette nuit-là juste avant d'apercevoir une étoile filante traverser le ciel.

Quelques semaines plus tard, alors que j'avais encore beaucoup de mal à accepter sa disparition de ce monde, j'ai fait un rêve à la fois étrange et magnifique. Mamie m'est apparue aussi vraie que dans la réalité, comme si elle était toujours vivante, et avec tout l'amour qu'elle savait transmettre, elle m'a dit ceci :

> *« Mon petit fillon*
> *(c'est ainsi qu'elle m'appelait),*
> *je vais toujours recoudre ton cœur. »*

Elle était couturière de métier. À partir de ce jour, la peine a commencé à s'estomper pour faire place à une certitude : la vie nous veut du bien et les miracles existent si on accepte de les voir.

Voilà l'une des raisons pour lesquelles j'ai eu envie d'écrire ce livre. Les autres, vous les découvrirez au fil des pages. Je tenais à transmettre le cadeau reçu de Mamie Yvette et de tous ces enseignants qui parsèment ma route au quotidien.

Qui sait ? Peut-être y a-t-il sur cette terre bien des cœurs qui ont besoin d'être recousus. Je propose que cette œuvre devienne la couturière attentionnée de ceux qui n'ont pas eu la chance d'avoir une mamie comme la mienne. Que les mots qui s'y trouvent résonnent dans votre cœur et qu'ils vous rappellent à quel point vous êtes aimé.

Peut-être est-ce le premier et le dernier miracle dont nous ayons besoin au bout du compte : de voir plus grand et plus loin, d'ouvrir notre conscience pour ainsi nous apercevoir que le vrai miracle, au fond, réside dans l'amour. Et comme pour tout le reste, cela commence par soi.

Ce que nous sommes et que nous ressentons à l'intérieur se reflétera éventuellement à l'extérieur de soi. C'est le principe du négatif en photographie. C'est

Le Miracle

par l'action de la lumière que le négatif devient une photographie. La lumière traverse les zones d'ombre et surgit pour s'imprimer sur le papier support photographique, ou le gel (la diapositive), et se transforme alors en positif. Seules les zones d'ombre laissent passer la lumière et, donc, s'impriment. Ce qui est bloqué et très noir au contraire laisse un espace blanc.

Pour enregistrer dans le temps un événement ou le sourire de personnes chères sur papier photo sensible, la lumière traverse les zones sombres du négatif et s'imprime. On pourrait dire que cette lumière perce également les zones sombres de notre âme et qu'elle seule demeure. La plus belle preuve de cela, c'est qu'au décès de quelqu'un, on ne se souvient que du bon en lui. Quand on perd un amour, dans la plupart des cas, on ne se rappelle que ses bons côtés. Quand nous renonçons à une activité, nous nous remémorons seulement ce que nous en aimions. Alors, toutes ses lumières s'inscrivent dans notre âme et sont toujours prêtes à briller à nouveau.

Qu'est-ce qui a besoin d'être mis en lumière dans notre vie ?

N'est-ce pas là un appel au miracle ?

Guérir sa vie

Il y a quelques années, je me suis prêtée à une séance de photo chez une artiste réputée pour son don de photographier l'âme des gens. Quand elle a ouvert la porte ce jour-là, je l'ai trouvée splendide, mais surtout, j'ai ressenti qu'il était important que je le lui dise, et je le fis. Puis, nous avons pris les photos et juste avant que je reparte, elle m'a dit:

« Tu as présenté un livre récemment à *Salut Bonjour week-end* (une émission matinale au Québec dans laquelle je tenais une chronique littéraire à cette époque) et je me souviens qu'il y avait le mot *miracle* dans le titre. J'aimerais offrir ce livre à une amie qui a besoin d'un miracle actuellement. Peux-tu me redonner le titre exact ? »

Le Miracle

Il s'agissait du livre *Le Premier et le Dernier Miracle* d'Antoine Filissiadis.

De retour chez la photographe quelques jours plus tard, pour aller choisir mes clichés, je lui ai demandé si son amie avait apprécié sa lecture. Ma question provoquait un certain malaise, j'ai donc vite compris que cette amie, c'était elle. La photographe des âmes venait d'apprendre qu'elle avait un cancer et elle désirait obtenir un miracle. Nous avons longuement discuté et j'ai senti qu'elle m'ouvrait son cœur et osait m'avouer des choses qu'on a parfois tendance à confier plus facilement à une parfaite étrangère qu'aux gens les plus proches de nous.

Cette femme absolument superbe, d'une beauté vraiment hors du commun, ne se trouvait pas belle. Elle était passée maître dans l'art de capter la beauté des gens sur pellicule, mais elle ne parvenait toujours pas à percevoir la sienne dans la réalité.

La photographe des âmes est décédée aujourd'hui, mais ce rendez-vous m'a laissée avec un questionnement. Et si le miracle demandé nous était toujours accordé ? Toutefois, peut-être accompagne-t-il une invitation ?

Quelle est notre participation requise dans le processus ?

Le miracle, au fond, nous est peut-être accordé tel un cadeau d'ouverture de conscience. Il nous demande de poser un regard nouveau sur notre vie pour nous permettre de la guérir, mais surtout de l'honorer et de l'aimer profondément. Et peu importe l'issue de la situation, si seul le moment présent existe, ne vaut-il pas la peine d'être aimé au-delà de toute mesure ?

Car d'où elle se trouve aujourd'hui, cette femme nous dirait peut-être que son miracle a bel et bien eu lieu. Le miracle a ceci de particulier qu'il peut se révéler de différentes façons, mais toujours il sert une cause plus grande encore que celui ou celle qui en a bénéficié.

Dans les années qui ont suivi cette rencontre, j'ai commencé peu à peu à m'ouvrir et j'ai développé une curiosité insatiable pour tout ce qui touche la magie de la vie. J'ai tenté de comprendre comment s'orchestrait la vie dans ses infinies possibilités. Je me suis mise à la méditation et à la prière puis, tout doucement, j'ai senti une certitude s'installer en moi.

Nous sommes toujours liés à cette puissance qui nous englobe, nous soutient et nous dépasse. Plus nous nous associons à cette force, plus nous expérimentons des synchronicités au quotidien, et plus nous avons l'impression de percevoir de petits et de grands miracles autour de nous. D'ailleurs, l'écriture de ce bouquin en est une preuve supplémentaire à mes yeux. Non seulement je n'avais nulle intention de l'écrire, mais l'avènement de son idée et son processus de rédaction semblent aussi provenir d'un véritable miracle.

S'ouvrir et explorer

Un ami m'a conseillé un jour d'écrire un petit traité à propos de la question « Que ferait l'amour ? », mais j'avais déposé son idée dans un tiroir de mon esprit, doutant de parvenir à lui donner vie.

Puis, un jour d'octobre, dans l'une des périodes les plus occupées de l'année pour moi, alors que j'étais fatiguée et que mon corps peinait à suivre, je me suis posé la question : *Que ferait l'amour ?* La réponse, immédiate, m'intimait l'ordre de m'arrêter quelques jours pour prendre soin de moi et que mon corps soit le premier bénéficiaire de cet amour.

J'ai donc commencé à réfléchir à la possibilité de m'envoler pour une semaine de *dolce far niente* à Punta Cana. Il valait mieux que je m'occupe aussitôt de la situation, plutôt que de risquer d'empirer mon cas et d'en arriver à cette autre question, que Freud posait invariablement à tous ses patients qui se blessaient ou qui avaient un accident : « Pourquoi t'es-tu fait cela ? » En effet, Freud supposait que tout accident ou toute mésaventure était une punition inconsciente que l'on s'infligeait. D'où l'importance de se demander fréquemment ce que l'amour ferait dans cette situation...

Mais sans trop comprendre pourquoi, j'hésitais à réserver mon voyage. Pour être honnête, j'en avais marre de voyager seule. Célibataire depuis deux ans, j'avais voyagé à plusieurs endroits en solo, mais toujours pour des formations ou par affaires. Je craignais de voir ma semaine s'étirer en longueur, cette fois. Je me questionnais sur mon envie de me soumettre à la sempiternelle question des voyageurs qu'on rencontre : « Pourquoi êtes-vous seule ? » Surtout, je déteste qu'on me prenne en pitié ou, encore pire, qu'on essaie de me présenter un homme qui, comme par hasard, se retrouve également en vacances seul.

Une semaine avant mon départ, une amie qui avait pris rendez-vous avec un médium me confesse qu'elle ne souhaite plus vraiment y aller. Bizarrement, je n'étais pas au courant de cette journée pourtant organisée par ma marraine. Elle ne m'en a pas parlé, allait-elle me confier plus tard, parce qu'elle savait que je n'avais pas envie de ce genre de rencontre à ce moment-là. Elle avait invité un couple de médiums chez elle, et ils recevaient toute la journée en consultation.

Ma marraine avait consulté la femme quelque temps auparavant. Pour ma part, je croyais qu'il était préférable pour moi de ne pas la consulter, puisque nous aurions tendance à comparer. J'avais remarqué la déception qui frappe souvent les personnes qui se plient à la suggestion d'une autre vivement impressionnée par ce type de consultation. Nos attentes sont probablement trop élevées.

Toutefois, sans trop réfléchir et pour rendre service à cette amie, j'ai offert de la remplacer. Son rendez-vous était fixé avec le médium masculin. Le jour dudit rendez-vous, en m'assoyant devant cet homme au regard profondément touchant et aimant, j'ai constaté avec surprise qu'il n'avait pas de dents. Pour être franche, j'avoue que cela le rendait plutôt attachant. La rencontre médiumnique s'est amorcée ainsi :

« Pourquoi pensez-vous autant à la République dominicaine en ce moment ?

Le Miracle

— Parce que j'ai besoin de repos et que je songe à m'offrir une semaine de vacances à Punta Cana.

— Qu'est-ce qui vous fait peur alors ? »

J'avais l'impression qu'il lisait en moi comme dans un livre ouvert.

« J'ai peur de m'ennuyer et de souffrir de solitude.

— Allez-y ! Cela vous fera le plus grand bien. »

Puis la rencontre s'est poursuivie pendant deux heures, et il m'a suggéré de m'ouvrir davantage, de sortir de mes conditionnements et d'explorer les infinies possibilités qui s'offraient à moi, autant pour ma vie professionnelle que personnelle et surtout amoureuse...

Cela n'était pas sans me rappeler, bien sûr, ma rencontre avec un astrologue quelques années auparavant. Dans mon livre *Sexy, zen et happy*, je raconte à quel point il m'avait offert un superbe cadeau en me répétant cette phrase à plusieurs reprises :

« Laisse mourir ce qui doit mourir sans lutter pour conserver quoi que ce soit.

Ne retiens rien.

S'ouvrir et explorer

*Laisse aller et ouvre-toi plutôt
à la nouveauté.
Regarde en avant. »*

Ce faisant, il me promettait qu'une renaissance s'effectuerait et qu'une nette amélioration m'attendait si j'acceptais de lui faire de la place. Je n'ai jamais oublié cette leçon, elle me sert encore aujourd'hui. Mais ma plus récente rencontre semblait m'apporter un nouveau message, celui de l'ouverture et de l'exploration. Par ailleurs, n'était-ce pas l'une des possibles réponses à la question « Que ferait l'amour ? »

Je suis donc partie pour une semaine à Punta Cana. La veille de mon départ, j'ai rencontré celle qui me confiait avoir demandé un miracle. Et un autre miracle a alors commencé à prendre forme. J'ai entamé l'écriture de ce nouvel ouvrage, que je veux simple, doux et rempli de tendresse. C'est ma façon bien personnelle de rédiger un guide de rappel de l'essentiel. Pour les mauvais jours, comme pour les plus beaux qui nous fourniraient l'énergie nécessaire afin d'aller encore plus loin sur le chemin de la réalisation de soi.

Le Miracle

Quand on n'a que l'amour
À offrir en prière
Pour les maux de la terre
En simple troubadour

[...]

Alors sans avoir rien
Que la force d'aimer
Nous aurons dans nos mains
Amis le monde entier

Quand on n'a que l'amour
JACQUES BREL

Les sept prémisses miraculeuses

La prémisse se veut une proposition, une invitation à développer un état d'être, à penser et à agir afin que des miracles se produisent. Par contre, il n'est pas question ici de changer l'eau en vin ou de gagner le gros lot à la loterie.

Le vrai miracle au quotidien n'est-il pas d'œuvrer, en harmonie avec notre intérieur, à devenir ce que nous sommes réellement ?

Lorsque nous parvenons à pleinement ressentir la paix intérieure et le bonheur sans raison, n'est-ce pas ainsi que nous nous sentons le plus vivants ?

Par la suite, nous avons l'impression que la vie nous veut du bien, que les choses se placent pour le mieux et que, curieusement, nos rêves tendent à se réaliser plus rapidement et aisément.

Nous apprenons à danser avec la vie puisque tout est mouvement et recommencement, ce qui comprend l'évolution du cheminement. Cependant, s'il y a longtemps que nous n'avons pas dansé, nous avons besoin de revoir certains pas de base et de les pratiquer.

Les titres des prochains chapitres débutent tous par « Je suis ». Pour plusieurs raisons, la principale étant mon désir de permettre à certains mots de prendre racine en nous pour que nous puissions les incarner au quotidien.

Depuis quelques années, je me crée des mantras au gré de mes besoins ou de mes envies de croissance. Lorsque je remarque une qualité ou une manière d'être qui me semble bénéfique, je répète souvent en esprit « Je suis » suivi du mot évoquant la qualité ou la façon d'être bienfaisante. Je l'inscris dans mon agenda ou sur de petits bouts de papier que je laisse traîner çà et là pour me le rappeler.

D'abord, nous pouvons commencer par contempler ce qui a du sens pour nous. Peu importe la sagesse que nous aimerions acquérir, nous sommes déjà en mesure de la reconnaître autour de nous, chez d'autres personnes, par exemple. Plus nous voulons ou admirons quelque chose, plus nous l'attirons et, donc, plus nous tendons à former un tout avec l'objet de nos désirs. J'aime bien ce genre de cheminement tout en douceur qui nous permet une évolution constante tout en nous ancrant profondément dans chaque moment, en saisissant l'infiniment petit qui porte souvent de grands enseignements.

Si nous devions identifier une première étape vers le miraculeux, elle pourrait s'énoncer ainsi : « Écoute. » C'est d'ailleurs le premier mot du prologue de la Règle de saint Benoît, juste avant cette jolie suggestion « ouvre l'oreille de ton cœur ». La Règle de saint Benoît est une règle monastique écrite par Benoît de Nursie (que l'on voit toujours un livre à la main) pour guider ses disciples dans la vie monastique communautaire. Même si elle fut rédigée au 6e siècle, elle gouverne encore en détail la vie des moines (modalités de liturgie, de travail, de détente, etc.). Et les moines nous diraient sans doute qu'après avoir écouté et entendu grâce à l'oreille de notre cœur, il ne nous restera plus qu'à répondre. « Écouter et répondre », voilà assurément ce que ferait l'amour !

Car qu'est-ce qu'un miracle ?

Ne serait-ce pas d'être totalement présent à notre vie, d'être pleinement vivant pour entendre ses messages ?

Le Miracle

C'est une audace en soi dans le monde technologique d'aujourd'hui de ralentir le pas, d'amplifier sa présence pour écouter davantage. S'écouter certes, mais écouter les autres aussi, et la vie. C'est vraisemblablement même la plus grande des audaces, qui demande le plus grand courage. Mais c'est également le plus beau cadeau que nous puissions nous offrir.

Lorsque nous demandons un miracle, avec une écoute attentive et une présence fidèle, nous constatons que nous obtenons presque toujours une réponse. De nombreux signes et des synchronicités nous le prouvent, d'ailleurs. Que répondrons-nous par la suite ? Voilà peut-être la plus belle invitation qui soit à saupoudrer notre vie d'un peu plus d'amour.

« Que ferait l'amour ? » demandait la religieuse à mon école.

Ce qui est merveilleux, c'est qu'au fond, il n'y a pas tant à faire, mais plutôt à être.

Car au terme des prémisses miraculeuses présentées dans les pages qui suivent, l'ultime invitation consiste à nous ramener à notre essence, au fondement même de ce que nous sommes.

« Je suis amour. »

PREMIÈRE PRÉMISSE MIRACULEUSE

Je suis authentique

« Lorsqu'on s'aime réellement,
qu'on s'approuve et qu'on s'accepte
tel que l'on est, tout fonctionne dans la vie.
C'est comme de petits miracles
surgissant de partout. »

<small>LOUISE HAY</small>

Au-delà de mes croyances, mes programmations et mes conditionnements, qui suis-je vraiment ?

Sous les couches de souffrance, de blessures ou de protection, qui suis-je vraiment ?

Qui suis-je ? En voilà une grande question !

Après vient « Pourquoi suis-je ici ? », mais ça, c'est un autre sujet. Une autre question à laquelle nous pourrons répondre beaucoup plus aisément si nous avons d'abord trouvé la réponse à la première.

Si je ne suis pas mes souvenirs, mes conditionnements, mes émotions, mes sensations, que reste-t-il ? Ce type de questionnement m'a menée à cette réponse un jour : Je ne suis rien. Mais puisque je ne suis rien, je suis tout.

Attention ! Ce « rien » ne signifie pas que je n'ai pas de valeur, bien au contraire. Il renvoie plutôt à la conscience universelle, au fait que nous faisons partie d'un grand tout. Il nous élève plus qu'il ne nous rapetisse. C'est pourquoi il mène au tout. On pourrait parler de la source ou du principe créateur. Car n'est-ce pas à partir du vide que l'on peut créer ? La création a toujours besoin d'espace.

Et si nous revenons à notre essence, à notre pureté, nous découvrons un être absolument magnifique. Nous comprenons alors que nous sommes toujours connectés à la source de ce qui nous a créés et que nous portons le monde entier en nous, tout comme nous sommes une infinie parcelle de divin. Pour l'illustrer, nous pouvons nous reporter à l'image de la goutte d'eau qui contient l'océan en elle au même titre que l'océan contient la goutte d'eau.

Les bouddhistes enseignent que la bonté fondamentale fait partie de tous les êtres humains. Il s'agit d'une énergie sans limites, de la nature du Bouddha et de l'éveil qui est déjà en nous. Nous entrons en contact avec cette bonté fondamentale grâce à la pratique de la méditation. Mais je vous l'accorde, parfois elle semble ensevelie bien loin sous plusieurs couches de souffrance.

Alors que je rédigeais ce livre, une femme m'a écrit pour me demander si je croyais que l'âme de son père s'était purifiée après sa mort. De son vivant, il était alcoolique et violent, et il avait fait bien du mal autour de lui. Curieusement, maintenant qu'il avait quitté la terre, elle ressentait le désir de lui parler.

J'ignore si les gens décédés nous entendent et si nous pouvons communiquer avec eux, mais si tel est notre élan et que cela nous fait du bien, pourquoi pas ? On vit peut-être un bel acte d'amour, sans attente.

Quant à la purification de l'âme, je pense que l'âme de son père a toujours été pure. Par contre, il a probablement vécu ses difficultés. Peut-être a-t-il lui aussi été profondément blessé. Mon grand-père était de même nature. J'en parle dans mon premier livre, d'ailleurs (*C'est beau la vie*). C'est après sa mort que j'ai compris qu'il était venu jouer son rôle à la perfection pour faire évoluer son entourage. Il avait eu le rôle du méchant pendant une partie de sa vie plutôt que celui du bon. Or, son âme a toujours été pure. Je dois avouer toutefois que c'est une croyance que j'entretiens. Ça vaut ce que ça vaut, mais ça me fait du bien d'y croire !

Partant du fait que nous sommes purs et bons, comment vivrons-nous notre vie dorénavant ? Ne croyez-vous pas que cela pourrait influencer positivement nos choix et nos décisions ? Parfois des images se forment dans mon esprit pour m'illustrer ce que j'essaie de mieux assimiler.

Quand je pense à l'authenticité chez l'être humain ou à vivre sa vie, selon sa vérité ou ses valeurs profondes, j'imagine des cercles alignés les uns au-dessus des autres. Le fait de se laisser dévier par les jugements que l'on porte envers soi-même, d'entretenir de la culpabilité ou de demeurer dans nos blessures décale ces cercles. Ce phénomène de déviation des cercles empêche l'énergie vitale de bien circuler dans notre corps. Elle y parviendra quand même, mais en forçant et surtout en s'épuisant dans son parcours. J'ai souvent pensé que c'est ce qui créait nos maladies physiques, entre autres.

D'ailleurs, je me rappelle cette histoire que l'on m'a déjà racontée à propos d'un homme qui venait de recevoir un diagnostic de leucémie et à qui on ne donnait que quelques mois à vivre. Avant d'annoncer la nouvelle à son entourage, cet homme ébranlé, mais sagace a décidé d'aller passer quelques jours dans le bois pour réfléchir à sa vie et surtout afin de s'organiser pour ses derniers moments sur terre.

En effectuant son bilan de vie, il a compris qu'il n'avait jamais pris le temps de bien apprendre à se connaître. Il avait plutôt répondu aux demandes de sa famille et de ses proches. Il était devenu le bon petit garçon qu'on voulait qu'il soit.

Il avait fait ses études en génie pour faire plaisir à son père qui souhaitait le voir réussir et devenir prospère. Il avait marié une femme splendide, gentille et intelligente, mais pour laquelle il n'avait jamais ressenti une grande passion. Cette femme était parfaite pour accompagner l'homme qu'il était devenu. Ils formaient un couple qui paraissait bien. Tous deux ingénieurs aujourd'hui, ils correspondaient impeccablement à ce que la société, ses clichés et ses modèles préétablis avaient voulu pour eux.

Toutefois, en poursuivant sa réflexion et surtout en étant en contact étroit avec la nature, l'homme s'est aussi rappelé à quel point il rêvait d'espace et de nature quand il était petit. En fait, s'il était totalement honnête avec lui-même, il devait s'avouer que son rêve avait toujours été de cultiver la terre.

Alors, comme une boutade à la vie qui s'en allait ou une rébellion à son triste diagnostic, il a décidé de vivre les jours qui lui restaient en faisant uniquement ce qu'il aimait. Il serait enfin à l'écoute de l'appel de son âme.

Le Miracle

Par conséquent, il a téléphoné à son bureau pour donner sa démission et il a annoncé à son épouse qu'il ne rentrerait plus à la maison. Puis, il est allé rejoindre un ami pomiculteur et lui a offert de travailler pour lui gratuitement tant qu'il en serait encore capable. Son rêve de nature et de grands espaces se matérialisait donc.

Cet homme est toujours en vie aujourd'hui. Il a bénéficié d'une guérison dite inexpliquée ou miraculeuse. Ce cas est extrême, mais peut-être plus fréquent qu'on ne le croit. Ne devrait-il pas nous rappeler l'importance de respecter qui l'on est en répondant aux appels de notre âme ?

J'ai vécu semblable histoire à l'âge de 28 ans, lorsque j'ai souffert de dépression majeure. J'avais fait des études en droit pour prouver que je pouvais devenir quelqu'un et réussir dans la vie. Je m'étais engluée dans une course à la performance et à la valorisation de soi se situant davantage sur le plan du paraître que de l'être. Pendant deux ans, j'ai souffert autant physiquement que psychologiquement. Mais ce que j'appelle aujourd'hui ce « cadeau mal emballé » de la vie m'a permis de partir à la découverte de qui j'étais vraiment et surtout de suivre MA voie, celle qui m'était indiquée par mon âme.

Je suis authentique

On dit que la prise de conscience est une porte ouverte sur le changement. C'est un travail de longue haleine pour certains. Tout dépend d'où l'on part ou de notre ouverture à l'évolution peut-être ? Le chemin de l'accomplissement de soi n'est pas nécessairement droit et sans embûches.

Il arrive que je tombe encore, je me perds à nouveau à essayer de vouloir plaire ou correspondre à ce que l'on attend de moi. Mais chaque fois, je me relève plus forte et confiante en mes capacités et en l'utilité de vivre davantage selon qui je suis réellement. Mon plus grand désir étant celui de vivre en vérité, ce qui signifie respecter mon essence et être à l'écoute des appels de mon âme.

Je me souviendrai toujours, entre autres, du 26 mars 2014, date à laquelle j'ai pris conscience une fois de plus de l'importance d'une vie authentique et des bénéfices qui lui sont associés.

Ce jour-là, je devais préparer une audition pour une émission de radio. L'offre était très intéressante, lucrative et elle flattait bien mon ego vu qu'il s'agissait d'une émission à grande cote d'écoute. Cependant, en recevant les trois sujets à préparer pour l'audition, j'ai eu un haut-le-cœur. On me demandait de réaliser des entrevues et de discourir à propos d'une problématique quant aux commissions scolaires, à la légalisation de la marijuana et à un troisième sujet, que j'ai complètement oublié! J'essayais de lire le rapport de recherche et je n'y arrivais tout simplement pas. J'avais l'impression de ne pas voir clair et de ne rien comprendre.

Ce même jour, j'avais également rendez-vous pour aller cosigner une demande de prêt pour l'une de mes amies qui avait besoin d'une nouvelle voiture. J'ai accepté parce que je considère que les difficultés peuvent être temporaires et qu'on a souvent besoin d'une seule personne qui croit en nous pour nous permettre de redéployer nos ailes et de reprendre notre envol.

Chez le concessionnaire, une fois tous les papiers signés, j'ai accompagné mon amie pour la prise de possession de sa nouvelle voiture. En voyant sa nouvelle acquisition, mon amie m'a prise dans ses bras pour me remercier de la confiance que je lui témoignais. Elle me dit que cet acte allait bien au-delà de l'achat d'une voiture, c'était la preuve évidente que la vie lui voulait du bien et qu'elle pouvait réussir.

J'ai fait semblant d'être forte sur le coup, mais une fois dans ma voiture, les larmes se sont mises à couler sur mes joues. J'ai alors compris qu'il n'y avait rien de plus important que cela: l'amitié, l'entraide et tout l'amour qui en découle. Et cela n'a rien à voir avec un poste impressionnant à la radio ou un peu plus d'argent dans ses poches.

C'est fou comme les événements semblaient s'aligner ce jour-là pour me faire prendre conscience de ce qui comptait vraiment.

De retour chez moi, j'ai rappelé les gens de la station de radio pour leur annoncer que je déclinais leur offre. J'ai même expliqué à la directrice de la programmation que je savais que je m'exposais à ce qu'on ne me propose plus jamais rien. Mais je lui ai également précisé à quel point il était important pour moi d'écouter la petite voix de mon cœur et de mon âme. Non seulement elle a compris, mais elle m'a félicitée pour mon courage.

Encore une fois, je constatais la grande importance de l'échange équitable en ce monde. L'aide à mon amie m'avait permis une prise de conscience de l'essentiel et, surtout, elle m'avait empêchée de m'éloigner de ma voie en acceptant un mandat qui ne me convenait pas.

Comme cela arrive souvent dans la vie, j'ai reçu en soirée la confirmation que j'avais opté pour ce qui était juste et bon.

Je devais donner une conférence lors d'une soirée-bénéfice pour la prévention du suicide. Après avoir discuté avec plusieurs personnes ayant perdu des êtres chers par suicide, j'en suis venue à la conclusion qu'il était préférable de vivre le plus légèrement possible, en se délestant de ses lourdeurs et en suivant les élans de son cœur pour laisser émerger la lumière.

Pour chaque être humain qui croise ma route maintenant, j'essaie de me rappeler qu'il possède aussi une bonté fondamentale. Je dois parfois user d'astuces pour voir au-delà de la souffrance, mais quel cadeau inestimable lorsque j'y parviens.

Chopin, mon perroquet, m'a enseigné une stratégie efficace pour toucher le cœur des gens même quand il nous semble difficilement atteignable. Chopin me pose souvent cette question : « Ça va-tu ? » On dirait qu'il a compris que nos sensations sont le baromètre de notre état d'être et donc de notre capacité d'attraction.

Un jour où je devais régler un problème avec ma voiture, j'appelle à mon garage habituel pour poser quelques questions et évaluer ma meilleure option. Le garagiste était tellement bête que je me suis dit que ce n'était pas normal. Alors, après quelques échanges houleux, je lui ai simplement demandé :

« Est-ce que ça va, vous ? (L'équivalent du « Ça va-tu ? » de Chopin)

— Non, justement, ça ne va pas bien.

— Alors est-ce que je peux vous aider ?

— Ce sont des problèmes personnels et je suis sincèrement désolé de vous les faire subir. Votre question aura eu pour effet de me ressaisir !

— Et si on parlait de ma voiture maintenant ? »

Par la suite, son ton devint beaucoup plus agréable et je le remerciai en ajoutant que je prierais pour lui ce soir-là. Il m'arrive encore de penser à lui et de souhaiter son bonheur.

Tant qu'un humain se trouve à portée de voix devant soi, on peut toujours tenter de le toucher dans son noyau. La bonté fondamentale réside dans le noyau de l'humain tout comme le gland du chêne contient le chêne entier, si imposant et majestueux soit-il.

En écrivant cette phrase, m'est venue à l'esprit la chanson de Zachary Richard, *L'arbre est dans ses feuilles*. Combien de messages sont ainsi enfouis dans des chansons et des histoires qu'on a déjà entendues, mais probablement trop vite oubliées ou pas écoutées avec suffisamment d'attention ?

Au bout du compte, nous sommes tous issus de la même source et constitués de la même matière. Nous ne sommes pas si différents les uns des autres, à bien y penser. À preuve, combien de fois avons-nous lu un livre en nous disant : *C'est en plein mon histoire, ça !*

Si en effet, nous portons tous la bonté fondamentale, nous pourrions facilement en déduire que pour une vie authentique, nous devons simplement laisser émerger cette bienfaisance. Ainsi nous illuminerons le monde de notre magnanimité. Être vrai finalement n'équivaudrait-il pas à tendre à être amour au quotidien, dans toutes les circonstances de notre vie ?

Et connaissez-vous la bonne nouvelle ? Tous les humains ont un cœur et le miracle, c'est parfois de trouver le chemin pour s'y rendre !

Que fera l'amour aujourd'hui ?

Comment devenir cet être d'amour ?

Demeurons à l'écoute et je suis certaine que la vie saura nous souffler les réponses. Notons qu'un être d'amour n'a pas à rechercher la perfection. Au

Je suis authentique

contraire, il sait s'aimer dans ses imperfections. Il sait accueillir ses faiblesses et accepter ses limites. Il est pour lui-même tel un meilleur ami bienveillant.

On est comme on est
À quoi servent les regrets ?
On est mieux que parfait
Quand on se reconnaît

(Extrait du refrain de *Dolly... on est comme on est*,
chanson interprétée par France D'Amour,
écrite par Roger Tabra, musique de Jean-François Pedneault)

DEUXIÈME PRÉMISSE MIRACULEUSE

Je suis tendre

« Voir, entendre, toucher sont des miracles et chaque partie et chaque particule de moi-même est un miracle. »

<small>WALT WHITMAN</small>

Dans ses *Carnets*, l'écrivain français Joseph Joubert a dit que la tendresse est le repos de la passion. N'est-ce pas joli ?

La passion, c'est le feu, l'excitation des débuts et toute l'intensité que cela génère. La tendresse, c'est ce qui reste ensuite quand l'amour s'est installé pour de bon, mais d'une manière plus douce et sereine. Cela ne signifie pas que la passion ne viendra pas nous visiter à nouveau de temps à autre, mais la profondeur des sentiments s'avère plus stable et nourrissante à long terme.

S'il est vrai que nous portons le monde entier en nous, nous pourrions croire qu'un couple vit également à l'intérieur. La dualité existe en soi sous plusieurs formes. Le féminin et le masculin tout comme la lumière et la noirceur coexistent à l'intérieur de chaque être humain. D'où l'importance d'induire un brin de tendresse en soi.

Le Miracle

Mais comment être tendre envers soi ?

Encore une fois, la présence ouvre le chemin. Plus nous sommes présent à nous-même et ultimement aux autres, plus nous sommes en mesure de ressentir les sentiments, les émotions et les sensations. C'est de cette façon que l'on devient plus sensible. Ainsi, chaque peur ou chaque souffrance devient une invitation à un peu plus de tendresse. Plutôt que de se juger ou de fuir la situation, nous développons une curiosité bienveillante qui permet d'accueillir ce qui est pour ensuite tendre la main avec amour.

Lors de mon séjour à Punta Cana, alors que j'amorçais l'écriture de ce livre, la vie m'a offert l'occasion de pratiquer cette tendresse envers moi-même. Avant de vous raconter ce qui m'est arrivé, j'y vais d'une confidence.

Petite, j'avais peur de tout. À cinq ans, je ne descendais pas un escalier toute seule. J'ai bien essayé de faire du ski alpin avec mes copines, mais j'avais tellement peur que j'ai revendu mon équipement presque aussi vite que je l'avais acheté. Je me rappelle également mon calvaire lorsqu'il fallait faire de l'hébertisme à l'école. Et bien sûr, c'est sans vous parler de ma peur d'embrasser un garçon, de ne pas être à la hauteur, de ne pas réussir à l'école, d'être jugée, de perdre mes parents, mon petit frère, ma poupée, etc.

Je suis tendre

Il y a quelques années, j'ai décidé de me reprendre en main et d'aller au-delà de mes peurs. En fait, quand je sens la peur se pointer maintenant, je me dis : *Voilà une belle occasion de transcendance, une invitation à la tendresse et au courage pour plus de liberté et ultimement de bonheur !*

En voyage à Punta Cana dans un petit centre de villégiature très zen, j'ai eu l'occasion d'entreprendre une escapade équestre durant mon séjour. Or, je n'étais jamais montée à cheval. Qui plus est, j'ai toujours été très allergique aux chevaux. (C'est pratique pour me protéger de l'équitation, ne trouvez-vous pas ?) Mais une petite voix en moi (sûrement celle de ma meilleure amie intérieure !) me suggérait d'accepter cette chance d'évoluer.

Pour être honnête, j'ai d'abord essayé d'annuler mon rendez-vous en prétextant que je me grattais beaucoup (en raison des moustiques féroces là-bas !) Alors, on m'a offert un traitement à l'aloès (aloe vera) qui m'a fait un bien immense. À court d'arguments, j'ai avalé un antihistaminique, j'ai enfilé mon short et mes espadrilles et je me suis présentée au rendez-vous.

L'homme qui m'avait invitée m'avait déjà bien « analysée ». Il m'a annoncé qu'il avait pour moi un cheval zen et doux afin de me mettre en confiance.

Par la suite, il m'a expliqué que son cheval était très heureux et bien traité (il devait sentir que je m'inquiétais pour lui). Pour me faire rire, il m'a confié que le slogan du cheval était *Hakuna Matata* (*pas de souci!*) et que si je voulais lui faire plaisir, je devais lui chanter *Don't worry, be happy* (en clair, «ne t'inquiète pas, sois heureux»). Je ne suis pas dupe quand même! Qui avait le plus besoin d'entendre ces mots? Le cheval ou moi, à votre avis?

J'ai donc trotté au bord de la mer avec mon nouvel ami. Dès le départ, je lui ai répété ces mots comme un mantra: «Je t'aime, merci.» Puis, j'ai passé l'une des heures les plus exquises de ma vie. J'en pleurais pendant un certain moment. Je me disais: *Christine, tu es grande maintenant, vois ce que tu peux faire! Tu n'as plus à avoir peur.* Et c'est ainsi que, des pleurs, je suis passée à la joie pure d'une enfant. Je me sentais en totale connexion avec ce cheval qui avait l'air de tout comprendre. Et je n'ai pas fait d'allergie!

Quand je suis redescendue, j'ai remercié mon compagnon de chevauchée pour ce moment béni, un *Aha moment* comme dirait Oprah. En m'octroyant assez de tendresse pour oser me hasarder à cette activité, je venais de franchir une étape de plus. J'avais grandi encore un peu ce jour-là. Mon cœur s'était ouvert un peu plus aussi. Un miracle venait de se manifester !

De l'autre côté de ma peur se trouvait l'amour.

Et la tendresse m'a mise en route, elle a frayé un chemin pour passer de l'un à l'autre. Aujourd'hui, je sais que ce n'est pas tant du courage ou de la force dont nous avons besoin pour vaincre nos peurs, mais plutôt de présence, d'accueil et de tendresse envers soi.

Il suffit souvent de répondre à la question « Que ferait l'amour ? » Placé devant une peur, je ne crois pas que l'amour dirait : « Je vais la combattre », mais plutôt : « Je vais l'aimer. »

Plus nous sommes tendres envers nous-mêmes, plus nous le serons envers les autres. Tout est lié. Ma pratique de méditation quotidienne s'est transformée au fil des ans et maintenant la formule qui me plaît le plus consiste à méditer dans le silence (ou parfois avec de la musique douce et inspirante), puis à prier pour ceux que j'aime.

Chaque jour, je convie dans mon esprit ceux et celles qui ont besoin d'attention ou de soutien et je leur envoie virtuellement beaucoup d'amour et de lumière. Ce moment est toujours chargé de belles émotions et il me permet de me sentir reliée aux autres. Par la suite, je ne m'étonne plus des nombreuses connexions que je peux vivre avec des inconnus au jour le jour, car je sais que ce que nous faisons pour une seule personne a le pouvoir d'être ressenti par la multitude. Notre cœur prend de l'expansion à force de petits actes d'amour au quotidien et cela est si bon.

Je suis tendre

*Puissé-je devenir en tout temps,
maintenant et à jamais,*

*Un protecteur pour ceux qui sont
sans protection,*

*Un guide pour ceux qui ont perdu
leur route,*

*Une barque pour ceux qui ont
des océans à traverser,*

*Un pont pour ceux qui ont
des rivières à franchir,*

Un asile pour ceux qui sont en danger,

*Une lampe pour ceux qui n'ont
pas de lumière,*

Un refuge pour les sans-abri,

*Et un serviteur pour tous ceux
qui sont dans le besoin.*

(PRIÈRE DE SA SAINTETÉ LE 14ᵉ DALAÏ-LAMA, *SAGESSE ANCIENNE, MONDE MODERNE*)

TROISIÈME PRÉMISSE MIRACULEUSE

Je suis humble

*« Le corps grandit
en prenant de la taille.
L'esprit grandit
en perdant de la hauteur. »*

CHRISTIAN BOBIN

L'humilité s'avère, à mon sens, l'une des plus belles qualités en ces temps modernes. Car, en ce monde où la performance, l'argent et la célébrité sont devenus l'ultime mesure du succès, il peut être facile de caresser le désir d'être meilleur que les autres et de se distinguer même au péril de sa santé et de sa vie.

L'humilité s'apprend souvent lors des moments bouleversants de notre existence.

Toute personne ayant fait face à des difficultés accablantes lui donnant une impression d'impuissance sait à quel point nous pouvons nous sentir bien petits en ces instants tragiques. Vous savez, ces moments où l'on se sent si désespéré qu'on a envie (jusqu'à le faire !) de tomber à genoux en invoquant l'aide du Ciel ? Cela peut s'avérer un bel exercice de lâcher-prise.

À cet instant précis, une brèche semble s'ouvrir, une ouverture par laquelle le miracle pourra s'immiscer. Et la personne en proie au désespoir atteint un tel stade d'humilité, qu'elle est soudain parée à accueillir son salut dans un état de profonde paix intérieure (sentiment se présentant souvent après un grand moment de panique ou d'anxiété).

Lors de ces rappels d'humilité, la meilleure réponse à offrir à notre détresse passagère est celle de la vérité. La vérité découlera des bonnes questions auxquelles nous répondrons avec lucidité et beaucoup d'amour.

Est-ce si terrible, ce qui nous arrive ?

De quoi avons-nous tellement peur ?

Qu'avons-nous l'impression de perdre, qui vaille tant à nos yeux, que cela nous mette dans un état pareil ?

Bien qu'ayant déjà écrit un livre sous-titré *Vivre heureux dans le courant de la grâce*, il m'a fallu quelques années pour vraiment prendre conscience de l'utilité de suivre ce fameux courant. En effet, je suis encore plus convaincue aujourd'hui qu'il existe une voie pour chacun de nous. Le grand plan, comme je l'ai souvent nommé. C'est la vie dans sa divine

Je suis humble

intelligence qui a le pouvoir de nous guider vers le meilleur de soi et surtout vers l'accomplissement du chemin de notre âme.

Combien de fois vivons-nous des situations qui nous dépassent ? Nous avions planifié ce qui devait arriver et, tout à coup, ce n'est pas du tout ce qui se produit. C'est parfois même le contraire de ce que nous avions prévu. Celui qui devait être l'homme de notre vie nous quitte subitement, ce nouveau poste tant convoité pour lequel nous recevions tant de félicitations est aboli, etc. À certains moments, vous vous êtes peut-être même dit que cela n'avait aucun sens. Vous avez probablement eu peur de ne pas passer au travers.

Mais vous êtes toujours là. Et avouez que plus vous vous êtes laissé porter, moins vous avez essayé de contrôler, plus vous avez vu à quel point ces imprévus (ou ces épreuves) étaient divinement orchestrés pour vous permettre de vous déployer davantage et d'évoluer. L'auteur et conférencier américain, Anthony Robbins, répète fréquemment « *Life happens for us, not to us* » (ce qui se traduit difficilement, mais signifie que les événements de la vie arrivent pour nous et pour une raison bien particulière, celle de nous faire grandir). Souvent un meilleur sort nous attend si nous acceptons de descendre de notre piédestal, là où nous croyons détenir le pouvoir, afin d'accepter la vie avec humilité.

Aujourd'hui, ma perception de ces moments imprévus, difficiles ou bouleversants est que la vie nous ouvre alors une porte. C'est parfois même un raccourci, mais si nous regardons la vie avec nos œillères ou le regard teinté de nos conditionnements, nous voyons la porte fermée au lieu de percevoir en fait la très grande ouverture.

Une expérience marquante en ce sens s'est déroulée à l'été 2014 lors d'une retraite au Chopra Center. Un caméraman de la chaîne de télévision pour laquelle je travaille devait venir m'y rejoindre la dernière journée pour des entrevues avec les auteurs Gabrielle Bernstein et Davidji. J'avais bien essayé d'obtenir également une entrevue avec le grand Deepak Chopra, mais on m'a alors répondu que son agenda était déjà complet et que ce ne serait pas possible pour cette fois.

Cette retraite durait une semaine et, au quotidien, on nous enseignait la loi spirituelle du jour selon l'ouvrage de Chopra intitulé *Les Sept Lois spirituelles du succès*. Le mercredi soir, j'ai reçu quelques conseils d'un ami par courriel. Il savait que j'avais grandement désiré cette entrevue avec le

Dr Chopra, qu'on m'avait refusée. Il m'écrivait pour me dire qu'il ne parvenait pas à se faire une raison car, pour lui, tout demeurait possible. Il m'a rappelé de vraiment faire l'impossible pour obtenir cette entrevue... et que, une fois que je saurais avec certitude que tout avait été tenté, je pourrais alors lâcher prise. Il a terminé son message en écrivant ceci :

« *Let go and let God* » (traduction : laisse aller et laisse Dieu agir).

Ce petit bout de phrase est devenu un autre de mes puissants mantras.

Le jeudi, on nous enseignait la loi du désir et de l'intention. *Quelle journée parfaite*, me dis-je, *pour réessayer d'obtenir mon petit moment exclusif avec Deepak* ! Le soir, contre toute attente, de façon quasi miraculeuse, son assistante m'a finalement informée que l'entrevue aurait lieu. Le rendez-vous était fixé à 9 h 30 le lendemain matin. Le caméraman devait arriver à 9 h à l'hôtel ; alors, tout était parfait. Dieu et moi devions avoir bien fait notre travail !

Le lendemain matin vers 6 h 15, je recevais un texto du caméraman m'annonçant une bien mauvaise nouvelle. Son vol était retardé de deux heures. Non seulement j'allais manquer le rendez-vous avec

Deepak Chopra, mais même celui avec Gabrielle Bernstein devrait être annulé.

C'est à ce moment que je suis tombée à genoux, m'adressant à Dieu et à tous ceux qui voulaient bien m'entendre ce matin-là, mais surtout qui pouvaient m'aider.

Pourquoi cela m'arrivait-il ?

Je ne comprenais pas et je ne parvenais pas à saisir ce que la vie tentait de m'enseigner avec cette déception. Alors, je me suis dit qu'il ne me restait qu'une chose à faire : *Let go and let God !*

Comme pour en rajouter, j'ai levé les yeux au ciel en disant à voix haute : « *I'm in !* » J'embarquais dans l'aventure puisque je n'avais pas le contrôle de la situation et qu'il devait bien y avoir une raison derrière ce chambardement.

Je me suis donc rendue à la méditation matinale et je m'y suis concentrée avec encore plus de dévouement. Je tâchais de me rappeler à quel point la vie était bonne pour moi. En somme, il était bien inutile d'en faire tout un plat. La tristesse, la déception ou même la colère que j'aurais pu ressentir à ce moment-là ne m'auraient certainement pas servie.

Je suis humble

Alors je me suis connectée à mon ange intérieur et j'ai pu ressentir la joie pure qui habite toujours au tréfonds de soi. Et à la fin de ma méditation, je me suis même demandé pourquoi il me semblait si important de réaliser cette entrevue.

Était-ce si terrible de ne pas l'obtenir ?

Je n'allais certainement pas en mourir.

Et même si je ne comprenais pas pourquoi l'Univers – enfin les circonstances – me la refusait, j'ai décidé par un acte de foi de croire que tout était parfait ainsi.

J'acceptais pleinement la situation et j'ai même écrit au caméraman pour le rasséréner, enfin le rassurer : que nous aurions beaucoup de plaisir à vivre cette journée ensemble, malgré la tournure différente de celle envisagée.

La journée, en effet, allait être extraordinaire. Nous avons réussi à déplacer l'entrevue avec Gabrielle Bernstein et le moment passé avec Davidji a été si grandiose et nourrissant que même le caméraman m'a avoué s'être senti bien choyé d'être présent à ces divins rendez-vous. À la toute fin de la journée, alors qu'il était en train de ranger son matériel de tournage, j'ai repensé au courriel de mon ami.

Le Miracle

Avais-je vraiment tout fait pour réaliser mon rêve ?

Il n'est pas toujours aisé de choisir entre le lâcher-prise et la persévérance éclairée. Comment discerner ce qui est bon par rapport à ce qui équivaut à forcer les choses ? Seul notre cœur peut répondre à cette question. La joie me semble aussi un bon baromètre en pareille circonstance. Si j'ai du plaisir à persévérer et que je ressens que c'est la meilleure chose à faire, je fonce. Si au contraire je peine et je sens la situation s'alourdir, je lâche prise et j'essaie de porter un regard nouveau sur ce qui se passe.

Deepak Chopra était sur la scène en train d'offrir ses derniers enseignements de la semaine. Un taxi l'attendait avec sa valise juste à côté de la porte. Une idée folle (et qui me semblait légère et joyeuse) m'a soudain traversé l'esprit. Je suis retournée voir la responsable des relations de presse du Dr Chopra pour lui faire mon ultime demande. Si nous étions à la sortie de la salle lorsque Deepak quitterait la pièce, caméra et micro allumés et prêts à enregistrer, me permettrait-elle de lui poser deux brèves questions ? Je marcherais à ses côtés jusqu'au taxi si nécessaire. Ma requête a été acceptée et j'ai enfin réalisé cette fameuse entrevue (courte, je l'avoue) avec celui qui a le don d'ouvrir nos consciences. Miracle !

Je suis humble

J'ai compris après coup que j'ai probablement obtenu cette entrevue parce que je n'en avais plus besoin. Si nous devenons trop dépendants d'un désir, il s'ensuit une pression qui nuit à sa manifestation. Je préfère habituellement suivre humblement le courant de la grâce en faisant ce que je considère comme juste et bon. Or j'avais dérogé à mon principe par mon insistance.

Mais je sais aujourd'hui que sans cette entrevue, tout aurait été aussi parfait. Ah oui ! Et j'oubliais de vous mentionner que le vendredi était la journée du détachement selon *Les Sept Lois spirituelles du succès*. La vie est plutôt comique parfois, non ? J'ai compris aujourd'hui que détachement et humilité vont de pair.

Inspirée de cette expérience, je me suis fait un point d'honneur de toujours demeurer légère et attentive à ce courant de la vie qui existe et qui sait souvent mieux que moi ce qui me convient davantage. Je ne force plus les choses.

Cela ne veut pas dire que je n'investis pas les efforts nécessaires, que je n'ai pas de doutes ou que je n'ai pas envie de tout envoyer promener parfois. Mais j'essaie de ressentir l'intention profondément enfouie sous mes désirs. Est-ce bon pour moi ? Pourquoi ai-je aussi envie de concrétiser ce rêve ? Si la raison provient du cœur, je continue. Sinon, quand tout semble devenir compliqué, je me demande ce que l'amour ferait dans cette circonstance. L'amour est un enfant de cinq ans qui vit selon les élans de son cœur, dans sa pure vérité, humble et heureux.

L'humilité semble attirer la simplicité... et c'est en choisissant de faire route avec elles que nous nous transformons en véritables agents miraculeux.

Cette prise de conscience m'a donné l'idée de rédiger mon «code du bonheur», que j'ai plaisir à partager avec vous:

Christine,
Ouvre-toi;
Explore les infinies possibilités;
Sois présente;
Libère-toi;
Connecte-toi à ta puissance intérieure;
Vois le miracle...

QUATRIÈME PRÉMISSE MIRACULEUSE

Je suis simple

« *La simplicité véritable allie la bonté à la beauté.* »

PLATON

Un jour, alors que j'étais dans ma voiture au ralenti, prise dans le trafic du matin, j'ai aperçu deux enfants qui attendaient l'autobus scolaire. Soudainement, l'un des deux a pris l'autre dans ses bras et lui a donné un baiser sur la joue. Vous auriez dû voir leurs sourires. C'était magnifique !

N'est-ce pas que l'innocence et la spontanéité enfantines sont bienfaisantes ? Malheureusement, une fois adultes, nous sommes moins portés à agir simplement au gré des élans de notre cœur. Nos actions spontanées sont souvent freinées par la peur du jugement d'autrui. *De quoi aurais-je l'air ? Qu'est-ce que les autres vont penser ?*

« Je suis étonné de constater que la plupart des gens ne se rendent pas compte qu'il n'y a plus de parents pour les surveiller », a écrit Alexandre Jardin.

Combien de fois faisons-nous les choses d'une certaine façon parce que nous avons appris qu'il devait en être ainsi ! Nous respectons un certain code de conduite et nous devenons des adultes sérieux qui ne se permettent plus de vivre de manière spontanée et joyeuse.

Pour voir des miracles se produire dans notre vie, nous devrions adopter la simplicité comme mode de vie. Cela pourrait devenir notre nouveau code de conduite, tiens !

Aujourd'hui, chaque fois que j'entreprends des démarches pour obtenir quelque chose et que le courant semble bloqué, comme s'il me fallait « forcer » pour arriver à mes fins, je m'arrête et je me pose la question suivante :

Est-ce que ça pourrait être plus simple ? (ce qui sous-entend, bien entendu : *Que ferait l'amour ?*)

Et j'agis en conséquence. Parfois, je laisse même tomber le projet en me disant que ce n'est probablement pas le moment idéal. Je passe joyeusement à autre chose, sachant que ce qui doit être sera éventuellement. Ou pas ! *Que sera sera.*

Combien de fois ai-je dit oui trop rapidement (pour faire plaisir) à des invitations qui ne me tentaient guère ou à des projets qui exigeaient du temps que je n'avais pas ! Chaque fois, je me suis compliqué l'existence et c'est ce qui fait qu'aujourd'hui j'essaie de m'en souvenir avant d'acquiescer à quoi que ce soit.

Le désir de simplicité nous invite à discerner. Avant de nous investir dans un projet, questionnons-nous sur les coûts. Et je ne parle pas seulement d'argent, mais surtout d'efforts, de pensées, d'énergie et de temps.

Par exemple, avant lorsque j'invitais la famille ou les amis à un repas, il fallait que tout soit absolument parfait. Alors je passais un temps fou à courir un peu partout pour tout régler dans les moindres détails. Puis, un jour je me suis demandé ce qui comptait vraiment. Il ne s'agissait certainement pas d'épater la galerie ou de m'angoisser avec une liste infinie de tâches, mais plutôt de passer un bon moment avec les personnes que j'aime. Je me suis rendu compte que pour que cette intention se matérialise, il suffisait de bien peu de choses.

L'une de mes prises de conscience les plus puissantes concernant la simplicité a eu lieu dans un centre commercial quelques jours avant Noël. J'étais assise sur un banc à réviser ma liste de cadeaux et j'étais plutôt découragée de ne pas avoir encore terminé mes courses. Épuisée, je pensais que j'aurais souhaité, à ce moment précis, me retrouver chez moi à lire un bon ouvrage ou à relaxer. Puis, j'ai levé les yeux et j'ai vu tous ces gens qui couraient un peu partout, se bousculaient même, sans sourire et avec un air plus fatigué que léger et joyeux. Mais où était donc passé le sens de cette fête de Noël ?

Et si nous décidions de revoir nos priorités à cette période de l'année ? Est-ce si important d'acheter autant de cadeaux ? Le faisons-nous vraiment avec cœur ou par obligation ? Tel est l'appel de la simplicité : retourner à l'essence des choses, percevoir ce qui est vraiment important et non s'encombrer de superflu ou se placer dans des situations stressantes et embarrassantes.

De toutes les phrases inspirantes du grand maître zen Thich Nhat Hanh, celle qui me fait le plus grand bien est « *Go as a river* » (Va comme une rivière). Avez-vous déjà pris le temps d'observer une rivière ? L'eau n'y stagne pas, elle circule constamment, contournant les obstacles plutôt que de s'arrêter pour les combattre.

Pour apprendre à suivre le courant et à danser avec la vie, nous avons besoin de recul. On gagne à devenir l'observateur éclairé et bienveillant qui voit ce qui est, et qui peut dès lors y réagir de manière plus noble et intelligente.

« Observer sans évaluer est la plus haute forme de l'intelligence humaine », selon le philosophe Jiddu Krishnamurti.

Cela me rappelle un chapitre de l'un de mes livres (*Encore plus belle, la vie!*) à propos du non-jugement. « Mêlons-nous de nos affaires ! » en était le titre. Combien de fois jugeons-nous les propos ou les actes des autres ! En quoi cela nous regarde-t-il vraiment ? Nous avons déjà bien assez de travail à faire sur nous pour ne pas perdre du temps et de l'énergie à critiquer les autres. Que ferait l'amour... n'est-ce pas ?

L'amour accueille ce qui est. Il écoute sans faire de projection et ne se met pas à la place de l'autre. C'est ce qui teinte le filtre de nos perceptions bien souvent. Qui sommes-nous pour juger ? Laissons les autres vivre leur vie selon ce qui leur semble bon pour eux. Surtout, n'obstruons pas leur chemin. Ils ont peut-être besoin de saisir une leçon dans le processus. Tel est leur grand plan !

Occupons-nous de nous montrer plus présents dans notre vie, soyons plus attentifs à ses messages et à nos réponses. Rien ne sert de se mêler continuellement de la vie d'autrui, cela nous prive de l'énergie nécessaire pour avancer et cheminer allègrement sur notre propre voie.

Pour plus de simplicité et moins d'anxiété, nous aurions intérêt à apprécier l'*ainsité* : ce qui est, dans sa nudité, sans les perceptions ou les concepts. C'est la véritable nature de la réalité, le fait que tout est ainsi, « c'est-à-dire au-delà de toute définition conceptuelle » (dictionnaire Reverso).

« Ainsi va la vie ! » ou « C'est comme ça et c'est très bien ainsi ! » pourraient nous servir de mantras pour mieux saisir l'ainsité. Ce principe allège la vie en permettant de percevoir les choses telles qu'elles sont et surtout en apprenant à y réagir de manière plus zen et créative.

D'après Stephen Covey, 10 % de la vie est composé de ce qui nous arrive et 90 % de nos réactions aux événements. Un feu rouge lorsque nous sommes pressés, une crevaison, un avion qui a du retard : autant d'exemples de ce qui peut arriver et nous troubler. Mais, encore une fois, c'est en nous demandant *Que ferait l'amour ?* que nous accédons à cette zone miraculeuse, qui non seulement transforme les défis ou difficultés en occasions favorables, mais encore nous permet une présence accrue, plus vivante et heureuse. Tout simplement.

Ceci m'amène depuis quelques années à dire oui à la vie, à ce qu'elle est, et non à ce que je voudrais qu'elle devienne. Mon chien Toto est un formidable enseignant en ce sens. Il m'a appris à profiter de chaque journée, peu importe mon état d'être ou la température extérieure. Grâce à lui, j'ai retrouvé la joie pure de jouer dans la neige, dans l'eau ou sous la pluie. Le temps qu'il fait est une formidable clé pour pratiquer l'ainsité.

Pour clore le sujet de la simplicité, permettez-moi de vous faire part d'une jolie découverte porteuse de sens. En anglais, on utilise le mot *lighter* pour signifier qu'on a allégé quelque chose. Avez-vous remarqué que ce mot comporte *light*, qui réfère à la lumière ? Nous pourrions en déduire que pour s'alléger dans la vie, pour simplifier, on a intérêt à mettre davantage de lumière. Et la lumière, c'est bien connu, brille toujours plus fort lorsque la résistance est moindre.

Devenons cet être spacieux à l'intérieur dont parle mon ami Olivier Raurich. Cultivons la tranquillité au quotidien pour que la lumière pénètre notre vie.

CINQUIÈME PRÉMISSE MIRACULEUSE

Je suis tranquille

« *Lorsque l'esprit connaît la tranquillité, il maîtrise l'Univers tout entier.* »

Tchouang-tseu

Ce chapitre s'est présenté alors que j'achevais la rédaction de ce livre. Durant une période très occupée en enregistrements télé et conférences, je suis allée faire une retraite dans une abbaye et me pencher sur le discernement. J'avoue que le sujet m'importait peu, mais la perspective de passer deux jours retirée dans le silence et l'énergie sacrée d'un tel lieu de culte et de prières me semblait irrésistible.

Toutefois, aussitôt arrivée sur place, dans une chambre minuscule et dépouillée, j'ai compris l'écart immense qui s'était forgé entre l'hyperactivité de mon quotidien et cette vie de contemplation que j'allais tant apprécier.

Dans les dernières années, je m'étais laissé capturer par mes passions et mon immense désir d'aider, au détriment de ma paix intérieure. Je ne prenais plus assez le temps de réfléchir et d'observer, de ralentir la cadence pour simplement goûter l'instant présent. J'étais continuellement en train de mettre des projets sur pied, de répondre à une multitude de demandes et de me perdre dans les méandres de mes courriels, des médias sociaux et de toutes ces distractions technologiques.

Évidemment, il était plutôt difficile d'entendre ma petite voix intérieure ou de capter les élans de mon âme dans un tel tumulte. À la question « Quelle est votre intention pour cette retraite ? », j'ai répondu : « Me déposer et trouver la tranquillité. »

Or, comment atteindre cet état tranquille et serein ?

Ne rien faire. Seulement être. Voilà la réponse que j'ai entendue au plus profond de mon cœur. S'est alors imposée une intention d'intégrer un peu de cette vie monastique à mon quotidien.

Tout est question de pratique dans la vie. Comme pour le reste, nous devons nous entraîner à la tranquillité de l'esprit. Bien sûr, nous pouvons pratiquer la méditation, le yoga ou nombre d'activités relaxantes, mais nous pouvons aussi adopter la tranquillité comme mode de vie.

Je ralentis régulièrement le pas aujourd'hui lorsque j'y pense. Je tente également de réduire mon brouhaha intérieur en l'accueillant, plutôt qu'en essayant de le fuir ou de l'enrayer rapidement. J'apprends à aimer la Christine qui angoisse et on dirait alors qu'une aide mystérieuse se présente pour me calmer. J'ai pris l'habitude de dire à des amis ou des proches traversant des situations difficiles que je leur tiens la main dans l'invisible. C'est si doux de tenir la main de l'autre ou de se sentir soutenu avec tendresse. Maintenant, je me rappelle aussi parfois de _me_ tendre la main, de me donner de l'amour pour ainsi être davantage en mesure d'en offrir aux autres.

On nous a souvent répété qu'il ne servait à rien de ressasser le passé ou d'anticiper l'avenir. Moi qui suis tellement «dans ma tête» parfois, si souvent perdue dans mes pensées, c'est un immense défi de demeurer paisible au moment présent. Disons que je semble posséder un projecteur très puissant, me permettant de me fabriquer toutes sortes de scénarios, positifs la plupart du temps. Évidemment, cela peut s'avérer fort utile pour visualiser et ultimement manifester mes désirs. Mais je me souviens aussi de demeurer en équilibre, c'est-à-dire de ne pas m'échapper du présent, alors que je risquerais de passer à côté de la vie, qui se déroule en ce moment même.

Devenir tranquille diminue la pression, on cesse de s'inquiéter de tout et de rien. Je peux agir uniquement sur ce dont j'ai le contrôle (voir principe d'ainsité au chapitre précédent). Pour le reste, je recours à ce mantra que j'affectionne tant: «Je n'ai pas le contrôle et j'aime ça!»

Il y a quelques années, j'ai appris un exercice puissant proposé par Esther Hicks. Elle suggérait de prendre une feuille et de la diviser en deux colonnes. En haut de la première, on inscrit «Moi» et en haut de la deuxième, «Dieu», ou ce qui représente pour soi la source ou le plus grand que soi.

Je suis tranquille

Moi

....
....
....
....
....
....
....
....
....
....

Dieu

....
....
....
....
....
....
....
....
....
....

Le Miracle

Ensuite, il suffit de dresser la liste de nos questionnements et désirs et de noter dans la colonne « Moi » ce que l'on se sait en mesure de faire. Dans la colonne « Dieu », nous écrivons ce que nous aimerions voir s'accomplir naturellement, sans forcer, dans la grâce divine et surtout selon notre grand plan. Ce processus a toujours été très efficace pour moi, non seulement pour diminuer ma charge de stress, mais pour attirer ce qui est juste, bon et parfait à mes yeux, de la meilleure façon possible. L'histoire qui suit l'atteste.

Mon frère, ma belle-sœur et moi avions décidé d'offrir notre nuit du 24 décembre en cadeau. Nous souhaitions aller servir le repas aux démunis de la Maison de Lauberivière à Québec. Je téléphone pour nous renseigner et nous inscrire et j'apprends que les responsables ont déjà trouvé tous leurs bénévoles pour l'occasion. Constatant la déception de mon frère à l'annonce de la nouvelle, je l'encourage en lui disant : « Demandons à être utilisés pour une autre cause, et tu verras, la vie nous répondra de la meilleure façon qui soit ! »

L'après-midi même, je recevais une demande d'un homme désireux de me rencontrer pour que je l'aide avec ses conférences. En vérifiant mon agenda, je m'aperçois que le seul moment libre dont je dispose pour des semaines est… le soir même ! Sans trop réfléchir, je lui offre donc d'aller souper au restaurant, ce qu'il accepte immédiatement.

Curieusement, j'ai pris conscience après coup que j'avais répondu drôlement vite à sa requête, d'autant plus que je le connaissais à peine. Ce n'était pas dans mes habitudes d'agir ainsi, alors je pressentais qu'il se tramait quelque chose.

En discutant lors du repas, l'homme me raconte avec enthousiasme ce qu'il a préparé pour la veille de Noël. Il sillonnera les rues des quartiers pauvres de la ville pour offrir présence, câlins et cadeaux à tous ceux qui en ont besoin. « As-tu besoin d'aide ? » lui ai-je demandé. Puis, quand j'ai rappelé mon frère au sortir du restaurant pour lui annoncer notre nouveau programme de la nuit de Noël, il était abasourdi. La vie nous avait répondu et il s'agissait d'un autre beau miracle. Une porte (de la bonne intention) se ferme, une autre s'ouvre !

J'adore ces moments de grâce où tout semble s'aligner pour le mieux. C'est de la véritable magie en action. Cela nous enchante quand ça se produit. C'est alors que l'on perçoit encore plus le grand plan qui existe pour chacun de nous et qui permet à nos vœux les plus sincères de prendre forme.

Le Miracle

Petite, je rêvais de vivre sur une ferme, entourée d'animaux. Après avoir adopté un perroquet et un lézard, je me disais que j'aimerais bien aussi adopter un chien. J'en rêvais depuis fort longtemps, mais je doutais que ce soit une bonne idée, avec le type d'existence que je menais. Alors j'ai inscrit ce désir, ou l'intuition de cette possibilité... dans la colonne de Dieu. Ce processus est pour moi en continuelle évolution. Ces colonnes de Dieu et de moi demeurent toujours à remplir au gré de mes envies ou de mes désirs. À l'image d'un agenda, j'y note mes tâches comme celles laissées à Dieu. Après l'agenda du succès ou l'agenda zen, je remplis maintenant l'agenda de Dieu et de moi!

À l'été 2013, j'assistais à une semaine de méditation et d'enseignements spirituels du Chopra Center, à Whistler au Canada. À plusieurs reprises, tandis que je déambulais dans le petit village près de l'hôtel où je séjournais, des chiens sont venus à moi. Un midi, pendant que je savourais mon repas sur une terrasse, un chien a même quitté momentanément ses maîtres pour venir me rejoindre et il a déposé sa tête sur ma cuisse. Je trouvais cela étrange évidemment, et essayant d'y voir un signe, j'en ai déduit que j'allais peut-être, à mon retour, œuvrer pour le bien-être des chiens. Pourquoi pas pour un organisme visant la prévention de la cruauté envers les animaux,

Je suis tranquille

comme la S.P.A., par exemple ? Ou encore pour la fondation MIRA dont l'objectif est d'accroître l'autonomie des personnes à mobilité réduite en leur fournissant un chien-guide ?

Puis, lors d'une méditation, j'ai vu apparaître un chien dans mon esprit. Il était plutôt costaud, avait de longs poils d'une multitude de couleurs. Il semblait abandonné et j'avais la curieuse impression d'être en connexion avec lui, comme s'il venait me livrer un message.

Cette même semaine, nous recevions la grande psychologue Jean Houston en conférence, et elle a éprouvé un plaisir fou à nous enseigner les leçons de vie contenues dans l'histoire du *Magicien d'Oz*. Je me rappelais surtout ce lien unique entre Dorothée, la jeune fille du récit, et son petit chien Toto, qui représentait l'esprit qui la guidait. C'est à ce moment que mon ressenti est devenu encore plus fort. Je devinais que j'aurais un chien et qu'il s'appellerait Toto, comme celui de Dorothée, évoquant le petit guide qu'il pourrait devenir pour moi. Puis j'ai mis cette idée de côté, croyant que c'était vraiment trop bizarre.

Quelle ne fut pas ma surprise, à mon retour de voyage, de voir apparaître la photo d'un chien sur ma page Facebook ! Une amie avait partagé le statut d'un couple qui venait de trouver ce chien. En publiant sa photo sur Facebook, ils espéraient retrouver les propriétaires. Jamais ces derniers ne se sont manifestés, et lorsque j'ai écrit aux gens qui l'avaient découvert pour savoir ce qu'ils feraient du chien, ils m'ont appris qu'ils venaient de le déposer à la S.P.A. C'est là que je l'ai rencontré. Tous les chiens sautaient dans leur enclos en jappant. On aurait dit qu'ils criaient leur désir d'être l'élu, l'heureux animal adopté. Toto, assis sagement, m'a simplement offert son regard empreint de douceur. On aurait dit qu'il savait que je venais pour lui, il m'attendait.

Ce n'est qu'une fois de retour à la maison qu'une amie m'a dit que j'avais adopté ce chien le jour de la... Sainte-Christine ! Drôle de coïncidence en effet. Autre aspect particulier, j'ignore d'où vient Toto de même que son parcours de vie, son vécu. J'en sais ce que je découvre chaque jour de notre nouvelle vie ensemble.

Prendre l'autre tel qu'il est à l'instant où il se trouve devant soi. S'accueillir de la même façon, sans regret, jugement ni projection : ne s'agirait-il pas d'une autre façon de cultiver la tranquilité d'esprit ? C'est assurément ce que ferait l'amour.

« Les miracles font peu de bruit », a écrit Antoine de Saint-Exupéry. C'est ce qui me porte à croire qu'ils

Je suis tranquille

se manifestent et se perçoivent davantage dans la tranquillité. Mais à quoi nous sert-il d'être tranquilles si nous sommes enfermés ? Pour s'accomplir, le miracle a besoin de légèreté, de fluidité et de mots de même portée bienfaisante qui riment avec liberté.

SIXIÈME PRÉMISSE MIRACULEUSE

Je suis libre

« Que règne la liberté. Car jamais le soleil
ne s'est couché sur réalisation humaine
plus glorieuse. »

NELSON MANDELA

Combien sommes-nous à être enfermés dans notre corps ou notre esprit ? « Car qu'est-ce que l'enfer si ce n'est être "enfermé"; enfermé en soi-même, dans ses mémoires, ses craintes, ses refus, ses culpabilités... » écrivait Marie de Solemne dans sa série de dialogues *La Grâce de solitude*[1]. Et si le paradis n'était pas à la fin de nos jours, mais possible à chaque instant d'ouverture et de libération ?

Depuis ma lecture de l'œuvre de Catherine Ponder, *Les Lois dynamiques de la prospérité*, où elle révèle que le fait de faire du ménage dans nos maisons, de se libérer du superflu ou de l'inutile nous ouvre toutes grandes les portes de la prospérité, je me suis dit qu'il devait sûrement y avoir autant, sinon plus de bénéfices, à faire du ménage à l'intérieur de soi.

---

1   Marie de Solemne, *La Grâce de solitude :* dialogue avec Christian Bobin, Jean-Michel Besnier, Jean-Yves Leloup et Théodore Monod, coll. À vive voix, Paris, Dervy, 1998, p. 96. Le texte cité, en fait, est de Leloup

Le Miracle

Je me demande très souvent où se situent mes lourdeurs, ce que je traîne comme boulet. Quelles situations problématiques ou non réglées accaparent mon esprit ? Je me rappelle surtout que la meilleure façon de s'alléger consiste à aimer davantage la situation, à s'aimer même dans notre difficulté, dans nos points faibles.

Cela me rappelle cette charmante dame venue me voir un jour après une conférence où j'ai raconté l'histoire de pardon vécue avec mon grand-père maternel (relatée dans mon premier livre, *C'est beau la vie*). Elle m'a avoué avoir été particulièrement touchée par mon histoire qui ressemblait en tous points à la sienne. Elle ne voyait toutefois pas à ce moment précis comment elle pourrait parvenir à pardonner à celui qui lui avait fait tant de mal. Elle s'en sentait tout simplement incapable. Alors, je lui ai suggéré de s'aimer ainsi, dans cet état d'impuissance. « Juste à vous entendre me dire cela, je me sens déjà un peu plus libre et légère », m'a-t-elle répondu. La porte du miraculeux venait de s'entrouvrir...

En s'aimant plutôt que de se juger, de se critiquer ou de se mettre de la pression, elle faisait place à l'aide divine. En effet, à plusieurs reprises dans ma vie, j'ai remarqué que lorsque je m'accepte telle que je suis, dans ma faiblesse ou ma noirceur, inévitablement, le chemin se dégage de lui-même. Le fait de baisser les armes permet à la lumière de pénétrer à nouveau. Et cette lumière nous attire les ressources nécessaires à la guérison et aux solutions pour grandir.

Un jour, je suis tombée sur ce commentaire dans Facebook : « Si tu veux quelque chose, bats-toi ! » Cela m'a troublée. Pourquoi donc cette nécessité de « se battre » ? Ce n'était pas sans me rappeler une expression trop souvent entendue : « La vie est un combat. Combattons ! » Personnellement, je n'ai jamais apprécié la bataille. Nous pouvons vivre de manière beaucoup plus douce. Et si c'était plutôt : aime ce que tu désires et aime-toi dans son processus d'accomplissement ? Aime-toi même dans ta souffrance parce que la compassion envers toi-même ouvrira ton cœur à la guérison.

Cela ne nous met certes pas à l'abri des difficultés et la persévérance est réellement bénéfique dans plusieurs cas. Comment persévérer dans l'amour alors (plutôt que dans le combat) ? Telle pourrait être notre question !

Einstein définissait la folie comme le fait de répéter toujours les mêmes actions en espérant un résultat différent. La question « Que ferait l'amour ? » nous rend assurément plus créatifs pour trouver des solutions, porter un nouveau regard sur la situation ou mettre un peu plus de plaisir dans la tâche à accomplir.

Pour nous libérer, l'amour nous invite à faire le vide et à désapprendre parfois tout ce que nous avons appris pour céder la place à de nouvelles pensées et de nouvelles croyances mieux adaptées à notre âme, mais surtout à notre épanouissement personnel. Il nous convie aussi à vivre dans le détachement. Si vous avez lu *Sexy, zen et happy*, vous savez bien que j'ai dû apprendre le détachement ces dernières années.

Après une rupture amoureuse, la perte de plusieurs mandats professionnels et la vente de ma maison avec tout son contenu, je me suis retrouvée devant une page blanche de ma vie. Tout était à rebâtir. J'aurais pu être prise de panique, mais j'ai choisi de danser avec la vie.

Au gré des ans, les aléas de l'existence ont prouvé que c'était la meilleure solution possible. Encore une fois, je peux à loisir me répéter mon nouveau mantra : « Je n'ai pas le contrôle et j'aime ça. » Oh oui, c'était bien sûr extrêmement difficile de le prononcer au début. Je sentais une énorme distorsion comme si mon ego criait à l'imposture. Comment était-ce concevable d'aimer cette perte de contrôle ?

Mais au fil du temps, j'ai appris à lâcher du lest et mon niveau de stress a grandement diminué. Ma vie est beaucoup plus sereine, je l'admets avec joie. Cela ne veut pas dire que je suis à l'abri des désagréments, mais je me sens libre. Je ne recherche plus la sécurité ; au contraire, je trouve plusieurs bénéfices au risque et au mouvement. En fait, j'ai développé un nouveau sentiment de sécurité dans cette mouvance.

C'est l'inconnu qui nous fait peur bien souvent. Croyez-moi, quand vous aurez dansé avec la vie et ses changements impromptus à quelques reprises, vous deviendrez de plus en plus à l'aise avec ce genre de situation. Vous serez de meilleurs danseurs !

Les bouddhistes parlent d'impermanence. Tout bouge et se transforme continuellement dans la vie. Alors que faisons-nous à essayer de cristalliser les choses ? Ce qui stagne tend à pourrir.

Vous connaissez sans doute l'histoire de cette jeune princesse qui souhaitait se faire confectionner un diadème avec les bulles qu'elle avait admirées à la surface de l'eau après une pluie torrentielle. La jeune femme désirait tant cette couronne qu'elle menaça même de se tuer si elle n'obtenait pas le diadème en question.

Le Miracle

Le roi a donc convoqué les meilleurs artisans du royaume pour qu'ils parviennent à prélever les bulles d'eau et à en fabriquer un diadème. Tous lui répondirent qu'il était absolument impossible de saisir les bulles d'eau, à l'exception d'un vieil artisan. Ce dernier a suggéré que la jeune femme cueille elle-même les bulles d'eau qui serviraient à confectionner le diadème puisque, prétendait-il, elle saurait distinguer les plus belles des plus laides.

Évidemment, elle n'y parvint pas. Chaque fois qu'elle essayait de prendre la moindre bulle d'eau, cette dernière éclatait aussitôt dans sa main. Découragée, elle demanda alors au roi, son père, de lui fabriquer plutôt un diadème en or solide. Les bulles d'eau n'étaient bonnes qu'à être contemplées, puisqu'elles se détruisaient au fur et à mesure de leur naissance.

En réfléchissant à cette histoire, n'en retient-on pas que toute la vie ressemble à une bulle d'eau ? Dès notre naissance, nous commençons à mourir un peu. Notre corps se transforme petit à petit à tout moment de notre vie. Et il en va de même pour tout ce qui existe. Les corps vieillissent et le matériel s'use. Seul l'humain semble vouloir inexorablement contrôler les choses et tout faire pour que rien ne change. Mais n'est-ce pas là la source ultime de nos tourments ?

Je suis libre

Pour voir apparaître davantage de petits et de grands miracles au quotidien, nous aurions intérêt à nous détacher des objets matériels, de nos croyances, pensées ou conditionnements, et même des êtres humains qui nous entourent. Attention, je ne suggère pas de nous départir de toutes nos possessions et de dire adieu à notre entourage. Il s'agit plutôt de prendre conscience de l'impermanence de tout cela et de l'apprécier, mais comme si tout nous était prêté. Vous savez, quand on emprunte quelque chose, on prend souvent un grand soin de l'objet emprunté, car il ne nous appartient pas. Et si nous appliquions cette règle d'or à tout ce qui constitue notre vie ?

À mon retour d'un séjour dans un hôtel, je me suis aperçue en défaisant mes bagages que j'y avais oublié une chaîne en or avec un pendentif en diamant. J'ai aussitôt téléphoné à l'hôtel pour demander si la femme de chambre avait trouvé ce précieux bijou, à quoi on me répondit par la négative.

Sur le coup, j'ai ressenti une colère puisque, de toute évidence on avait pris mon bijou, ce qui équivalait à un vol. Puis, j'ai repensé aux bulles d'eau et à tout ce qui est éphémère, et qui ne fait que passer dans notre vie. Je me suis rappelé cette promesse que je m'étais faite de vivre davantage dans le détachement.

Le Miracle

La vie m'offrait une merveilleuse occasion de pratiquer cet enseignement. J'ai alors imaginé la personne qui avait trouvé mon bijou. Quelle joie avait-elle dû éprouver de se rendre compte qu'il s'agissait d'un véritable diamant de grande valeur. C'était un magnifique cadeau à remettre à une inconnue et j'ai ressenti beaucoup d'amour et de gratitude dans mon cœur.

Par surcroît, quelques jours plus tard, je me suis fait la réflexion qu'un ex m'avait offert ce bijou ; donc, sa perte y mettait d'autant plus un terme, le lien était rompu. La vie comporte parfois des messages mystérieux et magiques... Vous est-il arrivé aussi de constater des effets favorables au final, quelque temps après une mésaventure ? Sûrement. Tout est parfait !

J'aime bien cette citation d'Henry David Thoreau à propos de ce qui dort au fond de nous. « Ce qu'il y a devant nous et ce que nous laissons derrière, ceci est peu de chose comparativement à ce qui est en nous. Et lorsque nous amenons dans le monde ce qui dormait en nous, des miracles se produisent. »

Se dépouiller du superflu et ne rien tenir pour acquis ou ne rien cristalliser permet de laisser une porte grande ouverte pour la manifestation de petits et de grands miracles.

SEPTIÈME PRÉMISSE MIRACULEUSE

Je suis responsable

« *Quoi qu'il arrive, prendre la responsabilité.* »

ANTHONY ROBBINS

« Qui sinon toi ? Quand sinon maintenant ? » a dit Hillel l'Ancien, ce Sage des années antérieures à l'ère chrétienne. Cette double question posée par le contemporain de Jésus me trotte dans la tête depuis la première fois où je l'ai lue. En effet, combien de fois cherchons-nous par habitude des coupables ou des responsables de ce qui nous arrive, et si souvent nous tombons en mode procrastination, quant à ce que nous savons devoir faire ?

Je reçois une multitude de courriels de lecteurs et de téléspectateurs, et trop souvent, je constate avec tristesse que nous, les humains, nous sommes englués dans un rôle de victime. « Je me suis fait laisser, on m'a retiré ceci ou cela », voilà le début de plusieurs messages. Et si nous commencions par prendre un peu de distance à l'égard de ce qui nous arrive ? Cela est arrivé (ainsité), mais nous ne sommes pas obligés de nous sentir immédiatement si concernés, encore moins de penser que la vie nous en veut ou qu'il s'agit d'un affront. C'est l'ego qui tend à réagir de cette façon.

Aujourd'hui, dans le but d'être plus responsable et de moins jouer à la victime, je m'observe et surtout j'essaie de m'écouter davantage. Quand je m'aperçois que je suis encore en train de me plaindre ou de relater un événement négatif du passé, je m'efforce de me taire le plus vite possible. Puis, je change de sujet ! Car à quoi cela me servirait-il de ressasser ainsi le passé (à moins d'être chez le thérapeute) ? Je n'ai pas le pouvoir de modifier le passé, mais je peux mieux vivre mon présent pour embellir mon avenir.

Nous aimons bien claironner qu'il n'y a pas de hasard lorsque nous vivons de belles synchronicités et que notre vie prend une tournure positive. Mais je crois qu'il n'y a pas de hasard non plus pour les épisodes négatifs. Ou qui nous le semblent, devrais-je plutôt écrire... Car comment différencier le positif du négatif, au bout du compte ?

Quand nous observons la vie dans une perspective de responsabilisation, nous l'honorons davantage. Nous avons alors moins tendance à vivre tels des zombies ballotés par le temps et les événements. Et l'on se rend compte éventuellement que notre plus

Je suis responsable

grand pouvoir réside dans cette responsabilité qui élève notre niveau de conscience.

Rappelez-vous l'enseignement de Glinda, la bonne sorcière du Sud dans *Le Magicien d'Oz* : « Vous avez toujours eu le pouvoir », apprend-elle à la petite Dorothée à la toute fin de l'histoire. Dorothée cherchait un moyen de rentrer à la maison et elle découvrait alors qu'elle en avait toujours eu la possibilité. C'est l'ultime exemple de l'être humain, qui a toujours cru qu'il lui fallait combler bien des désirs pour être heureux et qui s'aperçoit un jour qu'il a tout ce dont il a besoin. Le contentement, c'est le retour à la maison. Tout ce qui sera désiré par la suite le sera sans attente et avec détachement.

Nous cherchons parfois bien loin pour découvrir que tout était déjà là, juste à côté de nous, ou oserais-je dire « en nous ». Je me répète souvent cette autre phrase de Thich Nhat Hanh, extraite de la chanson : *Je suis chez moi, je suis arrivé*. Elle me sert de merveilleux rappel des bienfaits du contentement. C'est en appréciant et en honorant ce qui est déjà là, en lui portant un regard tendre et rempli de gratitude que nous nous sentons le mieux.

Quand on réfère à la maison, c'est de l'intérieur de soi qu'on parle. En cet endroit se trouve également le siège de nos émotions. Comment générer en soi ces émotions positives qui nous permettront de pleinement jouir de la vie et d'en être content ? Nos émotions détiennent un immense pouvoir sur notre vie, mais nous oublions parfois que nous en sommes le maître d'œuvre.

Alors que j'arrivais en région pour une longue tournée de conférences, je sentis un rhume se montrer le bout du nez. Aussitôt, cela me mit presque en colère. Pourquoi fallait-il que je tombe malade juste avant une période si occupée ? En plus d'être choquée par la situation, je me suis mise à imaginer le pire.

Je me voyais fiévreuse en train d'essayer de donner ma conférence. Je me disais qu'en plus, je risquais de transmettre mon virus à tout le monde que j'allais rencontrer. Puis, tout d'un coup, une petite voix a semblé crier « Stop ! » à l'intérieur de moi (sûrement celle de ma meilleure amie intérieure encore une fois !).

Que ferait l'amour ?

Certainement pas ce que j'étais en train de faire, c'est-à-dire m'énerver et m'emballer avec une tonne de scénarios de peur.

Alors, je me suis installée confortablement dans le lit de ma chambre d'hôtel et j'ai pris quelques grandes respirations avant une brève méditation. Me sont alors revenues en mémoire les phrases magiques et libératrices d'un rituel appelé *Ho'oponopono*. Ce mot hawaïen signifie « rendre droit, corriger, harmoniser ce qui est erroné ». Pour obtenir les bénéfices de ce rite, on nous suggère de simplement répéter les quatre petites phrases suivantes :

Je t'aime.

Je suis désolée.

Pardonne-moi.

Merci.

Voilà ce que je me suis mise à réciter avec beaucoup d'amour envers moi-même. En y réfléchissant, je compris que j'étais responsable du rhume qui s'annonçait. Je m'étais surmenée dans les derniers temps. En endossant cette responsabilité, je retrouvais le pouvoir de faire le nécessaire pour me venir en aide, guérir et me sentir beaucoup mieux. Miraculeusement, j'eus à peine quelques symptômes du rhume cette fois-là, ce qui m'a permis de passer à travers ma tournée de conférences avec plus de légèreté et de bonheur. Il s'agissait là d'un petit miracle en soi.

Comme par hasard, peu de temps après, je suis tombée sur un article de Maria de los Ángeles Rodeiro, une docteure intuitive qui partageait sa vision unique de la raison pour laquelle les gens ne guérissaient pas la plupart du temps. Pour plusieurs, la guérison s'avérait un processus très désagréable.

L'être humain doit faire fi de nombreux obstacles, se résoudre à l'abandon du passé, cesser la victimisation et surmonter la peur du changement. La question à se poser alors pourrait être: *Qu'est-ce que j'aurai l'impression de perdre en guérissant?*

Toutes ces tribulations nuisent au bon fonctionnement de nos cellules. L'énergie déployée à ressasser le passé, à craindre ou à ne pas prendre ses responsabilités n'est plus disponible pour la guérison. Cette docteure affirme que le refus de pardonner à un événement comme à une personne du passé produit des fuites d'énergie.

«Les gens ne guérissent pas parce qu'ils ne se sont pas libérés de l'illusion d'être une victime», a-t-elle écrit. Les misères qu'on entretient permettent d'obtenir un certain pouvoir sur les proches qui nous apportent du soutien. Le changement fait souvent peur et le fait de demeurer en attente (dans l'état de victime) paraît plus sécurisant pour certains. Toutefois, la guérison (ou la vraie sécurité) réside dans l'audace de danser avec la vie, d'accepter d'entrer dans son mouvement et de se sentir encore plus vivant en le faisant.

Rappelons-nous que la guérison est non seulement physique, mais également psychique. Ce qui nous a toujours empêchés d'obtenir l'emploi de nos rêves, de perdre les kilos en trop ou de tomber follement amoureux se cache probablement aussi dans cette tendance à jouer la victime.

Et si l'on décidait de devenir complètement responsable de sa vie ? Bien sûr, on a besoin d'être authentique, tendre, humble, simple, tranquille et libre. Or c'est bien là qu'on entre de plain-pied dans la zone miraculeuse. On témoigne alors du plus grand miracle de cette terre, toujours généré par l'amour.

Le Miracle est Amour.

Je suis Amour.

Donc, je suis le Miracle.

Intermède musical

« De la musique avant toute chose. »
Paul Verlaine

La musique a toujours fait partie intégrante de ma vie (et de mes livres!). Je devais encore une fois vous y plonger, ne serait-ce que pour un court chapitre.

Au début de ce livre, je vous ai mentionné le cadeau issu de la chanson *Le Miracle*, de Céline Dion, lorsque ma grand-mère est décédée. À plusieurs reprises dans ma vie, la musique m'a apporté des réponses, confirmé des décisions ou éclairée lors de questionnements.

Avec les années, j'ai appris à être plus à l'écoute des paroles de chansons et de ces mélodies qui me touchent. J'ai parfois l'impression que la musique est le moyen de communication de nos anges gardiens. Et s'ils tentaient de nous transmettre des messages par le biais de la musique? Encore une fois, serons-nous assez présents pour les entendre? Et que ferons-nous

Le Miracle

de ces messages par la suite ? Les laisserons-nous nous guider vers un meilleur plan de vie ?

Un soir, j'avais invité des copines à la maison pour prier ensemble et méditer dans le but d'aider une famille aux prises avec de graves problèmes. Avant d'aller au lit, je me souviens d'avoir rappelé aux filles ma croyance selon laquelle quand au moins deux personnes prient ensemble, une horde d'anges se joignent à elles. Il y avait sûrement bien des âmes bienveillantes avec nous ce soir-là.

Le lendemain matin, au réveil, quelle ne fut pas ma surprise de fredonner dans ma tête les célèbres paroles de *Les Ailes d'un Ange* de Robert Charlebois : « Si j'avais les ailes d'un ange / Je partirais pour… Québec » ! Eh oui, nous étions dans ma maison de campagne près de Québec et j'en ai déduit que les anges étaient venus me confirmer ainsi leur présence.

Par la suite, il m'est arrivé si souvent de me réveiller en musique. Parfois, je connais vaguement la chanson, mais après ma recherche des paroles sur Internet, je comprends le message qui m'est livré. Je crois que les livres sont porteurs de messages et, donc, qu'ils n'arrivent jamais par pur hasard dans notre vie. Peut-être que les chansons servent le même dessein ? Si, pour les livres, nous pouvons parler de bibliomancie, pourquoi ne pas songer aussi à la « musicomancie » ?

Chaque fois, je suis étonnée de constater la sagesse des paroles de la chanson entendue pour répondre à un questionnement ou pour m'indiquer le chemin à suivre.

Remarquons aussi la chanson qui joue à la radio au moment où nous montons dans la voiture, celle captant notre attention dans un lieu public ou encore celle que veut absolument nous faire découvrir un ami parce qu'elle est son plus récent coup de cœur. Tout est lié. Le poète Paul Éluard disait : « Il n'y a pas de hasard, il n'y a que des rendez-vous », mais sommes-nous toujours complètement présents à ce divin rendez-vous ?

Tout a le pouvoir de nous parler, de nous enseigner et de nous guider dans la vie. Mais tant que nous n'exercerons pas notre pouvoir de présence et d'écoute, nous ne capterons pas les messages. Pour être en mesure de répondre à l'appel, il faut d'abord entendre la sonnerie du téléphone !

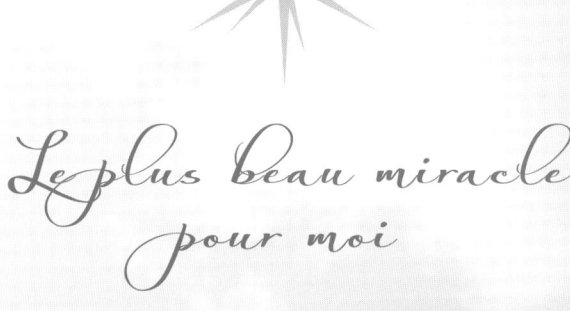

Le plus beau miracle pour moi

Depuis un certain temps, il y avait du nouveau dans ma vie amoureuse et j'avais eu l'élan de me confier à ma mère sur le sujet. C'était devenu inhabituel de lui parler de mes secrets ou de mes états d'âme parce que ma mère avait la maladie de Parkinson depuis près de 16 ans. Je trouvais qu'elle souffrait beaucoup, et je voulais l'épargner. Alors, j'évitais de la déranger avec mes histoires. Surtout, je ne voulais pas l'inquiéter, je craignais qu'elle se fasse du souci à mon propos, elle devenue si fragile à toute forme de stress et d'anxiété.

Mais cet homme à qui je commençais à m'ouvrir me fascinait par sa grandeur d'âme. J'admirais sa bonté et tout le chemin qu'il avait parcouru pour s'affranchir de ses propres blessures et souffrances. Je me disais qu'il fallait que je m'allège à mon tour. Et je savais que ma relation avec ma mère n'était pas idéale. Je ressentais un blocage.

Je n'arrivais plus à connecter autant avec elle, à être aussi présente et surtout aimante. Je m'en voulais presque d'être aussi tendre et compatissante avec de purs inconnus, alors que ma mère en avait probablement le plus grand besoin.

Une petite voix (sûrement celle de ma meilleure amie intérieure) m'avisait de mon réel besoin d'aimer plus ou mieux, ou peut-être d'aimer tout simplement. Alors, dans mes prières quotidiennes de cette période, j'ai demandé qu'on m'accompagne dans ce processus. Je voulais renouer avec ma mère, l'aimer profondément et de manière inconditionnelle. La vie n'a pas tardé à répondre à ma requête.

Alors que je revenais à Québec un soir, après avoir donné une énième conférence dans la région montréalaise, j'ai pressenti la nécessité de parler à mes parents. Je leur ai téléphoné, mais sans obtenir de réponse. Le lendemain matin, le ressenti était plus fort encore. Je savais qu'il me fallait leur rendre visite, malgré un horaire déjà surchargé et le repos plus que nécessaire. J'ai donc pris rendez-vous pour aller souper avec eux le soir même.

Le plus beau miracle pour moi

En route vers leur demeure, une sombre pensée m'a traversé l'esprit... Et si l'un d'eux était sur le point de vivre quelque chose de difficile, de tragique même ? Était-ce pour cette raison que je ressentais une telle envie de leur rendre visite ?

Heureusement, ce doute s'est estompé dès mon arrivée. Nous avons pris un apéro ensemble avant de descendre souper à la salle à manger de leur résidence et la discussion a été légère et agréable. Une mise à jour de nos vies respectives. C'est au retour du repas, juste avant que je les quitte, que j'ai compris pourquoi il était si important de me retrouver chez mes parents ce soir-là.

Ma mère était dans sa chambre, figée (c'est fréquent en raison de sa maladie). Elle tentait de retrouver dans son armoire des mots d'amour qu'elle m'avait écrits par le passé. Mon père en a profité pour lancer ce commentaire : « Ta mère sent sa mort venir. » Évidemment, cela m'a saisie, et j'ai regardé maman dans les yeux en lui demandant :

« C'est vrai, ça ?

— Ce n'est pas tant que je la sente venir, mais je la souhaite parfois...

— C'est parce que la maladie de Parkinson te fait trop souffrir ?

— Oui, en partie, mais c'est aussi parce que je suis fatiguée de me mettre autant de pression. Il faut toujours que je sois occupée, car si je m'arrête, j'ai l'impression que je ne suis plus rien. »

Ma mère croyait (à tort bien sûr !) que pour être vue et aimée, elle devait briller.

Plus encore, elle devait sans cesse se dépasser, être admirée, adulée même. Sinon, si elle lâchait du lest le moindrement, elle appréhendait ce « trou noir intérieur » qui lui faisait si peur.

Je tenais sa main dans la mienne pendant cette confession si douloureuse à entendre, mais tellement libératrice aussi. Pour la première fois depuis longtemps, je parvenais à la comprendre. Mes jugements envers elle fondaient comme neige au soleil. Il ne restait que de l'amour, de l'admiration même pour cette femme qui osait non seulement énoncer sa vérité, mais livrer sa souffrance.

Évidemment, je lui ai proposé de cesser de se mettre autant de pression et d'accepter ce qui est. Mais tout en lui disant cela, je songeais aussi que c'était sûrement plus facile à dire qu'à faire pour elle. Alors, j'ai juste eu l'élan de l'aimer de tout mon cœur et de toute mon âme. Je l'ai prise dans mes bras et je lui ai rappelé que mon père, mon frère et moi ne demandions qu'une chose, l'aimer dans son authenticité, pour ce qu'elle était tout simplement.

Je ne me souviens pas de l'avoir autant embrassée de ma vie. Et à ce moment béni, j'ai senti une immense libération. On aurait dit qu'une brèche venait de s'ouvrir pour laisser entrer l'amour et la lumière. Je savais que plus rien ne serait comme avant à compter de ce jour. Mon cœur débordait d'amour pour celle qui m'avait donné la vie et permis de devenir qui je suis.

Au fond, je me retrouvais face à un miroir et je l'ai compris. La petite Christine blessée en moi, celle qui avait souffert de ne pas être vue et qui avait déployé tant d'efforts à prouver sa valeur et à rechercher l'amour, pouvait alors tendre la main à sa mère pour qu'ensemble, nous devenions plus grandes. Il est toujours plus facile d'aimer en toute authenticité, humilité, tendresse et simplicité.

J'ai alors su que j'étais à nouveau en train de vivre une manifestation miraculeuse du pouvoir de l'amour. Le miracle était en action chez mes parents ce soir-là et je vous jure que je le percevais, non seulement avec mes yeux, mais avec toute mon âme.

Le Miracle

Depuis ce jour, j'ai l'impression que la porte de la cage dans laquelle ma mère s'est enfermée depuis plusieurs années vient de s'entrouvrir. Elle seule a le pouvoir de l'ouvrir davantage, mais tous ensemble nous pouvons lui témoigner notre amour pour l'aider en ce sens.

Parfois, on s'imagine que le processus du pardon, de l'ouverture ou de la transformation sera long et pénible, mais n'est-ce pas un manque de foi que de penser ainsi ? Nous nous conditionnons trop souvent en fonction du pire. Nous appréhendons et nous voyons une montagne là où il n'y a qu'une petite butte. Nous pensons devoir traverser l'océan pour nous apercevoir qu'il ne s'agit en fait que d'un tout petit étang.

Après ce moment de grâce vécu avec ma mère, je souhaite dorénavant me rappeler que la vie nous demande de faire un pas. Un petit pas d'ouverture, d'accueil, de lâcher-prise et d'abandon de nos blocages, fausses croyances ou conditionnements.

Un petit pas d'amour pour un miracle !

Cela n'en vaut-il pas la peine, selon vous ?

« Longtemps, j'ai cherché dans la spiritualité des outils, des armes, une cuirasse pour me protéger du réel, pour moins souffrir. Aujourd'hui, je veux oser le dépouillement, aller nu au-devant de l'existence, ne pas me couper du fond, du fond où réside la joie. »

ALEXANDRE JOLLIEN

EN CONCLUSION,
je suis le miracle

« Le remède à tous les maux, à tous les soucis, les chagrins et les crimes de l'humanité tient en un seul mot: "l'amour". Il est la vitalité divine qui fait naître et redonne la vie. Il donne à chacun d'entre nous le pouvoir de faire des miracles, si nous le voulons. »
LYDIA MARIA FRANCIS CHILD

« Le vrai miracle n'est pas de marcher sur les eaux ni de voler dans les airs: il est de marcher sur la terre », clamait Houei-neng (638-713), le sixième patriarche du bouddhisme chinois. Le vrai miracle est effectivement de marcher sur la terre tout en étant présents et conscients, ce qui risque fort de nous rendre encore plus passionnément vivants!

Le Miracle

Car le premier miracle que l'on ait vécu, n'est-il pas celui de notre naissance ? Nous n'avons aucune idée d'où nous venons ni où nous irons après cette vie, mais entre les deux, pour ce court laps de temps qui nous est alloué ici, pourquoi ne pas décider de profiter pleinement de l'aventure ? Pourquoi ne pas choisir de diviniser l'expérience même ? Injecter du divin dans notre quotidien, quelle noble tâche !

Et au risque de me répéter, il n'y a pas tant à faire, mais seulement à être. Voici pour vous, en guise de conclusion, mon ultime prière :

Mon Dieu
(ou remplacez par ce qui vous convient),
Puissiez-vous œuvrer à travers moi ;
Permettez-moi d'être l'instrument de l'amour en toutes circonstances ;
Aidez-moi à trouver la paix ;
Faites que chaque jour, je puisse goûter la joie profonde ;

En conclusion, je suis le miracle

*Montrez-moi à quel point
tout est bien ainsi;*

*Faites que je prenne ma juste place en
respectant qui je suis;*

*Que l'accueil et la compassion teintent
chacune de mes rencontres;*

*Que je sois remplie de tendresse autant
envers moi-même qu'envers les autres;*

*Que je ne cherche pas tant à impressionner,
ni même à aider ou à inspirer, mais plutôt
à être simplement qui je suis,
dans l'amour et la lumière;*

*Que je me libère de tout ce qui m'entrave
ou m'alourdit;*

Que je sois vaste et tranquille à l'intérieur;

*Que mon plus grand but soit d'aimer
totalement et inconditionnellement;*

Alors, je saurai que le miracle s'accomplit.

Le Miracle

Peut-être êtes-vous déjà allé dans une fabrique de toutous ? Vous savez, ces boutiques où l'on choisit un animal en peluche que nous allons bourrer et habiller selon nos élans créatifs ! J'y suis allée un jour avec l'un de mes filleuls et je me souviens d'avoir été très touchée au moment de choisir l'étoile à enfouir à l'intérieur de la peluche pour représenter son âme.

Ce moment m'a rappelé une rencontre de ma jeunesse. En analysant les lignes de ma main toute menue, une femme m'avait dit qu'une étoile s'y trouvait, qui se voulait un heureux présage, comme une protection. Nous avons tous déjà entendu l'expression « être né sous une bonne étoile ». Aujourd'hui, je suis convaincue qu'à l'instar de la peluche, nous portons tous cette étoile en nous. Et il n'y a pas de mauvaises étoiles, que des bonnes, que celles investies de la bonté fondamentale. Puissions-nous en être pleinement conscients et reconnaissants !

La prochaine fois que nous verrons une étoile filante traverser le ciel, souvenons-nous que nous sommes le miracle et que la vie nous veut du bien. Observons les étoiles le soir, contemplons-les en nous rappelant que nous provenons de la même source infinie.

En conclusion, je suis le miracle

What a wonderful world ! Et pour reprendre les paroles si délicieusement chantées par Louis Armstrong :

*The colours of the rainbow,
so pretty in the sky.
Are also on the faces of people goin' by.
I see friends shaking hands, saying :
« How do you do ? »
They're really saying, « I love you ».*

Lorsque nous nous disons «bonjour», nous nous disons «je t'aime». Et il est si important de dire bonjour puisque le miracle débute souvent chez l'autre...

Avec tout mon amour,

CHRISTINE

« Mamie ! Mamie ! Est-ce que je pourrais aller leur parler en avant ?

— Et tu leur dirais quoi, mon petit fillon ?

— Je leur parlerais d'amour, Mamie... »

Cette scène se déroulait dans une église, il y a de cela près de quarante ans...

UN MOINE ET SON MIRACLE

Je vous ai raconté les quelques jours passés dans un monastère pendant l'écriture de ce livre. Mais je ne vous ai pas tout dit.

D'abord, j'étais au superbe monastère abbaye Val Notre-Dame à Saint-Jean-de-Matha, au Québec. Le dernier jour de mon bref séjour, un moine est venu livrer un message au groupe avec lequel j'étais en retraite. D'entrée de jeu, il nous a annoncé :

« Après avoir médité et prié, j'ai eu l'élan de vous écrire un texte dont je vais vous faire la lecture. Ce texte parle du miracle. »

J'étais sous le choc. Les yeux dans l'eau, j'ai écouté attentivement ce que le moine avait à nous dire sur le miracle. Voilà comment s'amorçait son texte :

« Nous sommes tous en attente de miracles, mais s'il y a si peu de miracles dans nos parcours, c'est pour nous amener à devenir nous-mêmes des miracles vivants. »

Le moine nous a rappelé que rien ne nous manquait, au contraire de nos lubies. Seule nous faisait défaut une grande capacité d'admiration.

Et si nous apprenions à nous rassasier le cœur de lumière et de beauté ?

Cela me rappelle un exercice proposé par le Chopra Center lors des retraites de méditation. Les gens présents se placent de manière à former deux grands cercles. Ainsi deux personnes se retrouvent face à face et elles doivent se tenir les mains et se regarder dans les yeux, dans le silence. Une douce musique emplit alors la pièce et à chaque dizaine de secondes, les gens se déplacent pour saisir les mains et échanger un regard avec la nouvelle personne leur faisant face.

Lorsque j'ai fait cet exercice pour la première fois, la beauté des gens m'a subjuguée. J'ai laissé mes larmes couler devant certaines personnes parce que j'étais dépassée par toute cette beauté contemplée et tout cet amour ressenti.

Épilogue

Mais le plus beau cadeau à la fin de l'exercice, c'est de prendre conscience que pour avoir perçu autant de beauté et de divinité dans les yeux des gens rencontrés, nous sommes aussi beaux et divins. C'est sûrement pour cela que le personnel du Chopra Center a appelé cet exercice le *namasté* (ou *namaskar*). Comme le traduit l'expression (« salutation »), il nous permet de voir et d'honorer le divin à l'intérieur de chacun.

À chaque instant, l'opportunité nous est offerte de plonger dans cet océan de beauté, d'amour et de paix. Et cela se fait sans effort. Mais nous avons du mal à accueillir cette béatitude de l'apaisement parce que, comme le rappelle le moine dans son texte, nous ne croyons pas à la gratuité. Nous avons développé la croyance qu'il fallait travailler à combler nos besoins, briller de mille feux, être efficaces, voire efficients et démontrer au monde que nous sommes dignes de l'amour qui circule et foisonne, dignes d'être aimés. Que de conditions pour parvenir au bonheur !

Et si la vérité était différente ?

Tout est déjà là, nous dirait le moine. Rien ne nous manque. Pour en devenir plus conscients, inspirons-nous des sages conseils qui suivent.

Le Miracle

« Il importe de vous situer en ce lieu de vous-même où l'harmonie est pleine et la beauté immuable. Car il existe ce lieu en vous ! Rien ne vous est demandé. Vous n'avez qu'à assister à l'émergence de votre miracle. En vous, tout doit s'accomplir par surcroît. Votre mission consiste à plonger l'univers dans l'harmonie, par la pacification de votre intérieur, en demeurant fixé dans l'harmonie et la beauté. Il s'agit pour vous d'apprendre à voir, à admirer, à contempler. »

Voilà le vrai miracle.

Et comme pour en rajouter, j'ai appris en terminant l'écriture de ce livre que le moine dont il est question s'appelle le père Yves Girard. C'est en communiquant avec lui pour lui demander la permission de le citer que j'ai fait cette étonnante découverte. Étonnante oui, divin hasard aussi, puisque ma mamie dont je parle au début et à la fin de ce livre, celle qui a ouvert mon cœur et mon esprit au miracle, s'appelait Yvette Girard.

ADDENDA

Que ferait l'amour après la lecture de ce livre ?

J'ai écrit ce livre comme on répond au téléphone, sans trop réfléchir d'abord, simplement en suivant le courant. Puis, en cours de route, j'ai commencé à vivre son contenu au quotidien en m'inspirant des prémisses miraculeuses. Je l'ai imaginé comme un rappel de l'essentiel qu'on tend à oublier parfois, surtout quand les temps sont durs...

Maintenant, tous ces mots vous appartiennent. Et je souhaite que vous permettiez au contenu de ce livre de prendre vie autant à l'intérieur qu'à l'extérieur de vous. J'ai toujours cru que la fin d'un livre pouvait être le début d'une vie nouvelle si tel était notre choix et si nous agissions en conséquence.

Je vous invite à parler des miracles avec vos proches, à échanger sur ce qui leur permet de se manifester selon vous. Chaque jour de la semaine, vous pourriez vous attarder à l'une des prémisses miraculeuses, y réfléchir et en discuter.

Enfin, voici deux astuces qui pourront assurément vous aider à voir des miracles dans votre vie :

JOURNAL DE MIRACLES

J'ai longtemps tenu un journal de gratitude. En écrivant ce livre, j'ai commencé à noter tous les petits et grands miracles que je voyais se manifester autour de moi. En prenant conscience que non seulement ils existent, mais qu'ils sont plus fréquents qu'on le croit, nous amplifions notre foi et nous nous retrouvons de plus en plus souvent en pleine zone miraculeuse, là où tout devient possible.

UN GROUPE MIRACULEUX

À l'instar des groupes Mastermind, vous pourriez fonder un petit groupe miraculeux avec d'autres personnes qui, tout comme vous, ont envie de voir des miracles se manifester dans leur vie.

Vous pourriez vous rencontrer une fois par mois, par exemple. Lors de cette réunion, chacun évoque ses plus récents miracles et vous pouvez vous aider mutuellement à vous libérer de ce qui vous entrave pour entrer plus aisément dans la zone miraculeuse.

Addenda

Usez de créativité et faites ce que vous dicte votre cœur. Vous êtes exactement au bon moment et au bon endroit pour amorcer votre quête. Tout est bien.

REMERCIEMENTS

Merci à Marie-Noëlle qui a suivi l'élan de son cœur un soir d'octobre 2014 pour venir se confier à moi. Sans toi, ce livre n'existerait pas. Et tu sais maintenant que son écriture m'a offert un immense cadeau et plusieurs petits et grands miracles...

Merci, Adrienne, douce fée et jumelle d'âme. Tu vois toute cette magie qui opère quand on est ensemble ?

Merci, maman, de m'avoir ouvert ton cœur avec beaucoup d'authenticité et de vulnérabilité pendant l'écriture de ce livre. Je suis là pour toi et je t'aime inconditionnellement sans que tu n'aies rien à faire ou à prouver.

Merci à mon père, à mon frère Alexandre et à ma marraine Francine. Vous êtes mon noyau dur, la bonté bienveillante physiquement incarnée.

Merci, Martin Latulippe, pour ton écoute, tes idées de génie et ton inspiration. Merci surtout d'avoir semé en moi l'idée d'écrire ce livre.

Le Miracle

Merci à mon fidèle ami et frère d'âme, David Bernard. Les moments passés avec toi sont toujours empreints de miraculeux.

Merci à Florian Bianchi, mon entraîneur qui, grâce à son ouverture spirituelle, sa sensibilité et son intuition, œuvre autant sur mon corps physique que psychique.

Merci à ceux que j'appelle affectueusement « mes enfants » : Julie Niquette, Pamela Sauvé, Manu Lemire, Maxime Antoine et Florent Tanlet. Quel cadeau inestimable de vous voir cheminer et réaliser vos rêves ! Vous avez toute mon admiration et tout mon amour.

Merci à Nancy Bouchard pour tes sages notions de photographie. Tu auras été une belle lumière scintillante pour ce livre.

Merci à Marc Fisher pour ton soutien littéraire. Tu m'as fait le plus beau des cadeaux en révisant ce livre. Tu m'as appris à reprendre l'ascenseur pour monter un peu plus haut, comme tu le suggères si joliment.

Merci à Dominique Allaire. Tu réussis toujours à m'inspirer par tes nombreux enseignements et ta présence magique dans ma vie.

Remerciements

Merci au père Yves Girard pour le divin cadeau. Merci à tous les moines de l'abbaye Val Notre-Dame aussi pour votre énergie apaisante et pour le sacré que vous m'avez permis de partager avec vous. Et que dire de votre délicieux chocolat et du sublime caramel!

Merci à Olivier Lasser pour la couverture ainsi qu'à Michel Ferron et toute l'équipe des éditions Un monde différent pour votre accueil, votre professionnalisme et surtout votre amour. Vous êtes ma seconde famille.

Un merci tout spécial à vous, chers lecteurs. Puissiez-vous entrer dans la zone miraculeuse le plus souvent possible et faire de votre vie un chef-d'œuvre d'amour! C'est la grâce que je vous souhaite.

Et enfin, merci à F. pour le miracle de ton arrivée dans ma vie.

BIBLIOGRAPHIE

Bernstein, Gabrielle. *Spirit Junkie: A Radical Road to Self-Love and Miracles*, préface de Marianne Williamson, New York, Harmony, 2012 (2011), 288 p.

Chopra, Deepak, D^r. *Les Sept Lois spirituelles du succès : Demandez le bonheur et vous le recevrez*, coll. Aventure secrète, Paris, J'ai Lu, 2004, 128 p. [Aussi, livre audio aux éditions Un monde différent.]

Dalaï-lama XIV[2], *Sagesse ancienne, monde moderne : Éthique pour le nouveau millénaire*, traduit de l'anglais par Éric Diacon, Paris, Fayard, 1999, 279 p. Titre original : *Ethics for the New Millennium*.

Davidji. *Secrets of Meditation: A Practical Guide to Inner Peace and Personal Transformation*, New York, Hay House, 2012, 221 p.

---

[2] Tenzin Gyatso, né Lhamo Dhondup (nom tibétain : Wylie, Bstan-Dzin-Rgya-Mtsho).

De Solemne, Marie. *La Grâce de solitude : dialogue avec Christian Bobin, Jean-Michel Besnier, Jean-Yves Leloup et Théodore Monod*, coll. À vive voix, Paris, Dervy, 1998, 104 p.

Hanh[3], Thich Nhat. *Il n'y a ni mort ni peur*, préface de Pritam Singh, traduit par Marianne Coulin, coll. Pocket, Paris, Pocket, 2005 (2002), 160 p.

Hicks, Esther et Jerry. *Ask and It Is Given : Learning to Manifest Your Desires*, préface du Dr Wayne W. Dyer, New York, Hay House, 2004, 352 p.

Lenoir, Frédéric. *Petit traité de vie intérieure*, Paris, Plon, 2011, 218 p.

Raurich, Olivier. *La Voie du bouddhisme au fil des jours : être, aimer, comprendre*, Paris, Albin Michel, 2014, 256 p.

Williamson, Alain. *La Villa des miracles : Et si tout n'était que conscience ?*, Québec, Le Dauphin Blanc, 2014, 286 p.

Winfrey, Oprah. *Ce dont je suis certaine*, traduit par Marie-Andrée Gagnon, Gatineau, Éditions du Trésor caché, 2014, 217 p.

---

[3] Né Nguyen Xuân Bao.

Ce livre a été écrit en méditant presque tous les jours au son de la musique et des miraculeuses paroles de l'album de Snatam Kaur, Mirabai Ceiba, Guru Ganesha Singh Khalasa, Jai-Jagdeesh, Aykanna, Gurunam Singh, Harnam, Nirinja Kaur, Ram Dass, Prabhu Nam Kaur et Gurutrang Singh *The Grace Within You* (en direct du Sat Nam Fest – 2011).

POUR PLUS D'INFORMATIONS SUR
Christine

www.christinemichaud.com

Sur ce site, vous en apprendrez davantage
sur Christine en plus de découvrir
ses plus belles lectures.

www.sexyzenhappy.com

Le blogue *Sexy, Zen et Happy!* se veut
un rendez-vous inspirant où Christine écrit
régulièrement des articles, publie des entrevues
vidéo, en plus de vous fournir des outils originaux
et efficaces pour renaître au meilleur
de vous-même.

En vous inscrivant au blogue, vous recevrez
un livre (*e-book*) de Christine en cadeau.

Enfin, si vous avez envie de partager une histoire,
de soumettre des idées ou simplement d'écrire
à Christine, vous pourrez la joindre
à cette adresse courriel :

christine@christinemichaud.com

Christine

EN CONFÉRENCE AU SEIN DE VOTRE ENTREPRISE OU ASSOCIATION !

Une conférence avec Christine, c'est un moment unique alliant énergie, dynamisme, humour et présentation d'idées simples, efficaces et concrètes pour non seulement trouver l'équilibre entre le corps, le cœur et l'esprit, mais aussi s'ouvrir à un monde de nouvelles possibilités.

Voici venu le moment de renaître au meilleur de soi, autant personnellement que collectivement.

Et si nous choisissions consciemment d'œuvrer pour le beau, le bon et le bien ?

Tous ensemble, nous pouvons créer ce nouveau monde auquel nous rêvons.

En entreprise, performer et réussir, c'est bien, mais le faire en permettant à chaque être humain de déployer son plein potentiel et en participant collectivement à une évolution de conscience, c'est non seulement mieux, mais c'est le plus magnanime des objectifs, celui qui fera toute la différence et qui donnera du sens à la vie tout en produisant de formidables résultats.

Que ferait l'amour au sein de votre entreprise ou association ? Ne cherchez pas : des merveilles, des perles de bienfaits… et une continuité assurée.

Pour informations :
christine@christinemichaud.com